상담문제 영역 5

영재아동 바로 알기

이현주 · 신종호 공저

상 담 학 Best Practice 시리즈

학지사

이 저서는 학술진흥재단 지원(KRF-2005-005-J16701)을 받아
서울대학교 교육연구소 한국인적자원연구센터 연구사업의 일환으로 수행된 것임.

발간사

“상담학은 상담에 관한 이론 연구뿐만 아니라 그 실천에 대한 연구 또한 중요하다.”라는 명제에 대해 대부분의 상담학도들이 동의하리라 생각된다. 현재 우리나라에는 이미 수백 명의 상담전문가가 활동 중에 있으며 수천 명의 학생들이 전문가가 되기 위한 수련을 하고 있다. 우리 상담전문가들은 청소년, 교육, 복지, 기업, 군대, 법원, 진로개발 등 여러 분야에서 전문적 활동을 하면서 국가와 사회에 공헌하고 있다. 상담의 실제는 이미 다양한 분야와 영역에 걸쳐서 발전하고 있는 것이다.

‘상담학 Best Practice 시리즈’는 실제 상담현장에서 수고하는 많은 상담전문가들의 실천 경험을 기반으로 하여 기존의 상담학 교재들의 이론 중심 내용에서 벗어나, 보다 실제적이고 상담현장에서 쉽게 적용해 볼 수 있는 사례중심의 실천적 상담교재라 할 수 있다. 상담학 Best Practice 시리즈는 상담기법 영역, 상담문제 영역, 상담 프로그램 영역, 상담자 전문성개발 영역 등 총 4개 영역으로 구성되었다. 이론보다는 실제 사례를 통해 이론과 기법들이 사례에 어떻게 적용되는지 그 과정과 절차를 자세히 기술하여 상담자들의 실천적 지식을 높이고자 하였으므로, 상담학에 입문한 전공자나 학교 현장의 전문상담교사 그리고 전국의 청소년상담센터 상담전문가들에게 실제적인 도움이 될 수 있을 것이다.

이 시리즈는 한국상담학계에서 활발히 활동하고 있는 상담학 교수 및 박사들로 구성된 각 영역의 전문가들이 힘을 모아서 집필한 결실이다. 이 시리즈가 출간될 수 있도록 애써 주신 집필진 모두에게 편집위원회를 대표하여 진심으로 고마움을 전한다. 아울러 상담학 Best Practice 시리즈가 출간될 수 있도록 아낌없이 지원해 주신 학지사 김진환 사장님과 최임배 상무님을 비롯한 관계자 여러분께도 감사드린다.

2007년

상담학 Best Practice 시리즈 편집위원회 위원장

김계현

머리말

이 책은 한 번쯤이라도 자신의 학생이나 자녀가 영재가 아닐까라고 생각해 본 모든 교사, 교육가, 학부모들을 위한 책이다. 영재를 교육하고 상담하는 일은 큰 기쁨인 동시에 많은 노력과 열정 및 인내를 요구하는 일이기도 하다. 또한 영재아동들도 자신이 영재라는 사실을 자랑스러워하는 동시에 타인과 다르다는 점에서 불편하게 생각하는 양가적 감정을 가진다. 이러한 영재들을 이해하는 동시에 가장 적합한 교육을 제공하는 것이 영재교육의 목표라고 볼 수 있다. 영재교육과 상담에서 가장 어려운 부분 중 하나는 영재에 대한 이해가 부족하고 적절한 교육에 대한 지식이 잘못되어 부적절한 교육적 개입과 처치를 한다는 것이다.

따라서 영재아동 및 영재교육에 대한 올바른 이해를 제공함으로써 영재아동을 교육하는 교사, 교육가, 학부모들을 돕는 것이 필요하며, 바로 이것이 이 책의 목적이기도 하다. 영재교육의 바른 이해는 뛰어난 학습 속도와 잠재성을 가진 영재아동들이 자신감을 갖고 잘 준비된 성인으로 성장하여 자신의 잠재력을 충분히 발휘하도록 돕고, 나아가 이들이 사회, 국가 및 세계에 공헌하도록 도와준다. 또한 이 책의 내용은 이미 영재로 성장한 성인들이 자신의 과거 경험을 이해하고 현재의 영재아동을 돕는 데도 도움이 될 것이다. 영재들을 교육, 상담, 조언하는 일은 매우 도전적이고, 장기적이며, 집중적인 보살핌을 필요로 한다. 그러나 영재아동이 자신의 잠재력을 발견하고 이를 즐기며 스스로 자아실현을 하도록 도와주는 일은 이 모든 수고를 값지게 할 것이다.

이 책은 영재아동의 특성과 영재교육의 이해를 위하여 영재교육 분야의 다양하고 방대한 연구결과와 다양한 영재교육 사례들을 바탕으로 쓰였다. 1장과 2장에서는 영재성과 영재아동의 판별에 대한 전반적 소개를 하였고, 3장에서는 영재아동의 연령별 발달에 따른 특징들을 설명하였다. 4장과 5장에서는 영재아동에게 적합한 교육과정과 교육선택을, 6장에서는 우리나라의 영재교육 체제를 제시하였다. 7장과 8장에서는 영재아동의 성장과 교육에 대한 사례연구와 영재아동에게서 보이는 문제 영역에 관한 상담 가이드를 실었다.

이 책이 집필되기까지 많은 도움을 준 서울대학교 인지학습연구회원들과 '상담학 Best Practice 시리즈'가 나오기까지 지원을 아끼지 않으신 학지사 김진환 사장님과 편집진에게 감사드린다.

우리나라 영재교육의 짧은 역사 속에서 이 책이 영재교육 관련 교사와 상담가들의 전문성을 높이고, 영재아동과 영재교육에 대한 학부모들의 이해를 넓히는 데 조금이나마 도움이 되기를 바라면서 이 글을 마치고자 한다.

2009년 3월

저자 일동

차 례

1 영재성과 영재아동의 이해

많은 교사와 부모들은 한 번쯤 자신의 자녀와 학생들을 보며 '이 아이가 영재가 아닐까?'라는 생각을 해 본다. 반면, 어떤 교사와 부모들은 영재아동은 아주 특별한 면을 가졌을 것이라는 생각 때문에 자신의 아동이 영재성이 있음에도 불구하고 발견하지 못하는 경우도 있다. 이것은 일반적으로 영재아동에 대한 잘못된 인식들 때문이라 할 수 있고 따라서 영재아동의 특징을 바로 알고 이해할 필요가 있다. 이러한 이해를 바탕으로 영재아동의 특성과 유형에 따라 적합한 교육을 제공하는 것이 영재성을 발달시키는 데 매우 중요한 요인이라고 볼 수 있다(신종호, 2003; 신종호, 이현주 외, 2007).

다음은 영재아동에 대한 간단한 퀴즈로 이를 풀어 보면서 이 장을 시작하고자 한다. 각 문제의 진술을 읽어 보고 영재아동에 대한 진술 중 허구와 진실을 구분하여 보라.

퀴즈	진술
1	영재아동은 어찌됐든 인생에서 성공한다.
2	영재아동은 학교를 좋아하고 언제나 좋은 성적을 받으며 매일매일 새로운 것을 배우는 것을 좋아한다.
3	영재아동은 일반적으로 중산층 가정에서 나온다.
4	영재아동은 모든 것을 잘한다.
5	교사들은 영재아동을 쉽게 판별할 수 있으며 영재아동을 가르치는 것을 좋아한다.
6	영재아동을 위한 학급을 따로 구성해서 가르치면 자만해지기 쉽고 정서에 부정적 영향을 미친다.
7	영재아동은 학교에 잘 적응하지 못하고 친구들과 어울리지 못한다.
8	영재아동은 일반아동들보다 낮은 자존감을 가지고 있다.
9	창의성 검사는 예술영재를 판별하는 데 가장 좋은 도구다.
10	영재아동을 판별하는 것은 지능검사로 충분하다.
11	영재아동은 다른 아이들보다 더 어릴 때부터 읽고 쓰기를 배운다.

위의 퀴즈에 대한 답은 모두 'X'가 정답이다.

이제 왜 위의 진술들이 잘못된 것인지, 올바른 영재아동에 대한 특징들과 이에 맞는 교육적 선택은 무엇인지에 대하여 이 책 전체에 걸쳐 설명하고자 한다.

1. 영재성이란 무엇인가

영재아동(the gifted and talented)을 정의하는 것은 매우 중요한 동시에 한편으로 복잡한 문제로서, 여기에는 몇 가지 쟁점들이 있다. 첫 번째 쟁점은 영재아동에 대한 정의가 학교 및 교육 시스템에서 누가 영재로 판별되어 특별 프로그램을 받게 되는지를 결정하는 데 직접적인 영향을 준다는 점이다. 즉, 영재 판별은 영재란 무엇인지에 대한 정의에 기초하여 이루어지며, 영재의 정의는 판별된 영재아동에게 어떠한 영재 프로그램이 제공되어야 하는지를 결정하는 주요한 기반이 된다. 따라서 영재 판별에서 한 가지 정의만을 적용할 때 빈곤층, 소수 민족, 장애인, 저성취 영재아동, 여학생들이 적게 영재로 판별되는 위험이 존재하며, 특정 영역만의 영재성으로 제한하는 경우, 인류의 가치 있는 여러 영역이 간과될 수 있다. 두 번째 주요 쟁점은 영재아동으로 판별되어 이들이 영재로 규정되는 경우 그 낙인 효과는 긍정적인 면뿐 아니라 부정적인 면도 모두 가지고 있다는 점이다. 즉, 자신감, 자기 효능감, 성취 기대에 대한 증가와 같은 긍정적 효과가 있는 반면, 친구나 형제들로부터 구별되는 것에서 나타나는 소외감 등이 발생한다. 따라서 이와 같이 영재아동에 대한 정의는 매우 중요하면서 민감한 문제라고 할 수 있기에 신중할 필요가 있다.

'영재아' '재능아' 또는 '영재성'에 대하여 보편적으로 받아들여지는 단 한 가지의 정의는 존재하지 않으며 학자마다 매우 다양하나, 현재의 학자들은 지능을 중심으로 한 과거의 영재에 대한 개념보다 다양한 영역에서의 영재성을 일반적으로 인정하고 있다. 다양한 영재아동에 대한 정의 중에서 일반적으로 가장 많은 연구자 및 교육 전문가들이 수용하는 대표적인 정의를 소개하면 다음과 같다.

1) 미국 연방정부 교육부(U.S. Department of Education)의 정의

미국 교육부는 1972년 Marland 보고서(Marland, 1972)에서 영재아동에 대한 정의를 처음 내렸고, 1978년과 1988년의 두 차례 수정을 거쳐, 1993년 '국가 수월성: 미국의 재능'을 통해 영재성을 다음과 같이 정의하고 있다(U.S. Department of Education, Office of Educational Research and Improvement, 1993).

> "영재아동은 또래아동과의 경험과 환경을 비교하였을 때 높은 수준의 성취를 보이거나, 또는 그러한 잠재성을 가진 아동 및 청소년이다. 이들은 지적, 창의적 혹은 예술적 영역에서 높은 수행능력을 나타내고, 뛰어난 리더십을 소유하거나 특정 학문 분야에서 두각을 나타낸다. 이들에게는 학교에서 일상적으로 제공하는 것 이상의 서비스나 활동이 필요하다. 이러한 뛰어난 재능은 인간이 노력하는 어느 영역에서나 나타나며, 모든 문화와 경제적 지위에서 동일하게 존재한다."

미국 교육부의 정의는 일반적 지적 능력뿐만 아니라, 예술 및 특정 학문 분야, 창의성, 리더십 영역에서의 재능을 포함하고 있으며, 문화와 경제적 지위와 상관없이 영재성이 존재하므로 이와 관련, 객관적인 영재 판별의 시행을 요구하고 있다. 현재 많은 국가에서 이러한 미국 교육부의 정의를 채택하고 있다(Davis & Rimm, 2004).

2) Renzulli의 삼원 영재 개념 모델(Three-Ring Model)

Renzulli(1978, 1986)는 먼저 학업적 영재성(schoolhouse-gifted)과 창의적-생산적 영재성(creative-productive gifted)을 구분하였다. 학업적 영재성은 학습 환경에서 재능을 보이는 공부를 잘 하고 시험을 잘 보는 아동의 경우로, 전통적으로 영재라고 인식되어 온 유형이다. 이러한 학업적 영재성은 IQ 검사 혹은 다른 인지 능력 검사를 통해 쉽게 측정되므로, 영재 프로그램 대상자를 선발하는 데 가장 자주 사용되고 있다(Renzulli & Reis, 1997).

반면, 기존의 영재성에 대한 정의와 판별에서 강조되는 인지 능력 외에 창의성과 정의적 특성의 중요함을 강조하는 개념이 창의적 생산적 영재성이다. 창의적-생산적 영재성은 단순히 인지적 능력이나 학교의 학업성취에 국한된 것이 아니라 다양한 재능 영역을 포함하며, 이는 창의성과 자신의 재능 영역에 대한 열정을 가지고 뛰어난 성취와 산출물을 나타내는 영재성을 일컫는다. 따라서 창의적-생산적 영재성이 교육 및 사회가 보다 지향해야 할 영재성으로 볼 수 있다.

이들 창의적-생산적 영재성은 세 가지의 특징, 즉 평균 이상의 능력(above average ability), 과제집착력(task commitment), 창의성(creativity)을 포함한다([그림 1] 참조; Renzulli, 1978, 2003). 평균 이상의 능력은 일반적 능력(general abilities)과 특정 능력

(specific abilities)으로 구성되는데, 일반적 능력은 지능과 유사한 개념으로, 정보를 처리하고 경험들을 통합하며 추상적인 사고를 하는 능력을 의미한다. 반면, 특정 능력은 특정 분야에서 지식 및 기술을 습득하고 수행할 수 있는 능력을 뜻한다. 두 번째 특성인 과제집착력은 특정 영역에서 집중된 동기로서 지구력, 끈기, 열심, 헌신적 연습, 자신감, 자기 효능감을 가지고 과제를 수행하는 것을 의미한다. 마지막으로 창의성은 주어진 문제를 독창적이고 신선한 방법과 시각으로 분석하고 해결하며, 생산적인 발명을 하고, 기존의 전통적인 신념이나 과정들을 파기하여 보다 효과적이고 독창적으로 개인 및 사회의 필요를 충족시키는 재능이라고 볼 수 있다.

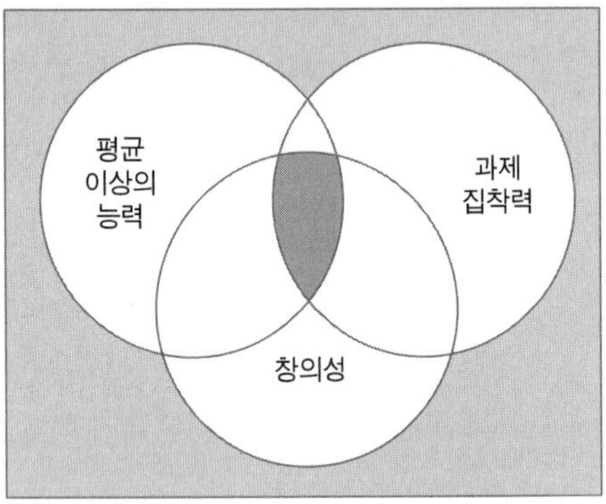

[그림 1] 영재성에 대한 삼원 개념

출처: Renzulli (1978).

따라서 영재는 이러한 특성들과 능력을 인간과 사회의 가치 있는 영역에 적용시킬 수 있는 사람을 의미한다. 영재성에 대한 이와 같은 다각적인 관점은 학교 성적이나 지능 이외에 창의성, 노력, 동기, 지구력 등의 정서 및 사회적 특징을 영재 선발 시에 중요 사항으로 고려하도록 제안하고 있다.

3) Gardner의 다중지능(Multiple Intelligence)

Gardner(1983)는 인간의 지능은 IQ로 대표되는 일반 지능만으로는 설명할 수 없고, 여러 개의 독립적인 지능 요소들로 이루어져 있다는 '다중지능이론(theory of Multiple Intelligences)'을 제시하였다. Gardner(1983, 1993, 1999)는 지능을 사회가 가치 있다고 생각하는 영역의 문제를 해결하고 그에 대한 산출물을 생산하는 능력으로 규정하여, 7가지 지능 — 음악지능, 신체운동지능, 논리수학지능, 언어지능, 공간지능, 인간친화지능, 자기성찰지능 — 을 제시하였다. 최근에는 자연친화지능을 추가하였고, 현재 실존지능의 추가를 고려하고 있다(Gardner, 1983, 1999; Von Karolyi, Ramos-Ford, & Gardner, 2003). 현재 많은 교육학자들은 Gardner의 8가지 지능을 8가지 유형의 지적 재능(intellectual gift)으로 이해하여 교육적 상황에 적극적으로 활용하고 있는데, 이러한 8가지 영역을 설명하면 〈표 1〉과 같다. 이 중 언어지능과 논리수학지능은 전통적 지능검사가 측정해 온 능력으로 학교에서 강조된 학업능력과 깊은 관련이 있다(Ramos-Ford & Gardner, 1997). 그 외의 지능은 표준화 검사가 아닌 관찰과 산출물로 평가할 수 있는 재능으로 언어지능과 논리수학지능과 더불어 영재교육에서 고려되어야 할 재능 영역들이라고 볼 수 있다.

〈표 1〉 다중지능에 대한 설명

지능	설명	지능이 발현되는 예
음악지능	음의 높낮이에 대하여 그 차이를 정확히 인식하고 리듬과 음색에 대한 민감성을 가져, 음과 소리를 듣고 이를 재생산 및 연구할 수 있는 능력	음악가, 작곡가
신체운동지능	과제 수행을 위해 몸의 전체나 일부를 능숙하게 사용할 수 있는 능력	운동선수, 무용가, 댄서
논리수학지능	연역적/귀납적 추론, 계산과 패턴 인식에 대한 능력	과학자, 수학자
언어지능	어휘적 이해가 뛰어나고 단어의 의미, 순서, 언어의 다양한 활용, 쓰기와 말하기 표현에 관련된 능력	문학가, 변호사, 언론인
공간지능	시공간적 세계, 3차원적 공간을 정확히 지각하며, 지각한 것을 바탕으로 시공간적 세계를 재배치하고 표현할 수 있는 능력	건축가, 조각가, 항해사
인간친화지능	타인의 행동이나 동기를 이해하고 이를 바탕으로 민감하고 생산적으로 행동하는 능력	교사, 상담가, 정치가
자기성찰지능	자신에 대한 인식, 자신의 강점과 약점, 기분, 감정, 역량 등을 인식하는 능력	자기성찰을 잘하는 개인
자연친화지능	생태계, 자연의 패턴을 식별하고, 식물, 동물, 광물을 찾아내고 범주화하는 능력	생물학자, 인류학자, 자연주의자
실존지능	인간 존재에 대한 근본적인 질문을 숙고하는 능력	철학자, 종교지도자

4) Sternberg의 삼원지능이론 (Triarchic Theory of Intelligence)

Gardner와 마찬가지로 Sternberg도 단일 IQ 점수로는 지적 재능을 나타낼 수 없다고 보았다. Sternberg(1996, 1997)는 지능을 사회문화적 맥락을 고려하여 정의하고자 하였으며, 이에 따라 지능을 그 시대나 세대가 요구하는 기준에 비추어 성공을 이룰 수 있는 능력으로 정의하였다(신종호, 권희경, 2004). 성공을 이루는 능력은 개인이 자신의 강점을 활용하고 약점을 수정 및 보완하는 능력으로, 어떻게 환경에 적응하고(adapt), 환경을 형성하며(shape), 선택(select)하느냐에 따라 좌우된다고 보았다. 이러한 성공지능은 3가지 주요 지능, 즉 분석적(analytical) 지능, 창의적(creative) 지능, 실용적(practical) 지능으로 이루어져 있으며, 영재성은 바로 이 세 가지 지능이 가장 최적으로 조질되어 조화를 이룬 상태를 의미한다(Sternberg, 1986, 2003).

Sternberg는 자신의 삼원지능이론에 따라 영재성도 분석적 영재성, 창의적 영재성, 실용적 영재성으로 구분하였다. 분석적 영재성(analytical giftedness)은 문제를 분석하고 문제 요소 간의 관계를 파악하는 능력이 뛰어난 것을 의미한다. 대부분의 지능검사는 바로 이러한 능력을 측정하므로, 높은 분석적 영재성을 가진 사람일수록 학업성취도나 IQ가 높다. 창의적 영재성(creative giftedness)을 가진 사람은 창의성과 통찰력이 뛰어나 새롭고 독특한 아이디어를 많이 창출하고 새로운 것에 대처하는 능력이 뛰어나다. 마지막으로, 실용적 영재성(practical giftedness)을 가진 사람은 분석적 지능과 창의적 지능을 일상생활에 잘 적용하여서, 새로운 환경에 잘 적응하고 그 안에서 성공하기 위해서는 무엇을 해야 하는지 잘 알고 행동한다. 그러나 분석적, 창의적, 실용적 지능은 서로 배타적인 것이 아니며, 따라서 대부분의 사람들은 이 세 가지 지능 중 하나만을 가지는 것이 아니라 세 가지 지능의 다양한 형태를 가지게 된다. Sternberg는 지능에서 가장 중요한 점으로 세 가지 지능이 조화를 이루어 어떤 것을 언제 사용해야 하는지에 대하여 아는 것이라고 강조하였다.

5) 우리나라 영재교육진흥법

우리나라에서는 2002년부터 영재교육진흥법이 시행되었고, 영재교육의 목적을 "재능이 뛰어난 사람을 조기에 발굴하여 타고난 잠재력을 계발할 수 있도록 능력과 소질에 맞는 교육을 실시함으로써 개인의 자아실현을 도모하고 국가 · 사회의 발전에 기여하게 한다."는 것으로 정의하고 있다. 우리나라의 영재교육진흥법에서 제시한 "영재"의 정의는 재능이 뛰어난 사람으로서 타고난 잠재력을 계발하기 위하여 특별한 교육을 필요로 하는 자를 말하며, "영재교육"은 영재를 대상으로 각 개인의 능력과 소질에 맞는 교육내용과 방법을 적용하는 교육을 말한다. 보다 구체적으로는 "고등학교 과정 이하의 각급 학교에 취학한 자 중에서 일반 지능, 특수 학문 적성, 창의적 사고능력, 예술적 재능, 신체 능력, 기타 특별한 재능 중 각각에 대하여 뛰어나거나 잠재력이 우수한 사람 중 영재 판별 기준에 의거하여 판별된 사람을 영재교육 대상자로 선발한다." 라고 규정하고 있다.

우리나라 영재교육진흥법에서의 정의는 미국 교육부의 정의와 유사한 부분이 많으나, 우리나라 정의에는 미국 교육부에 포함된 리더십에 대한 부분이 명시되지 않았다는 점에서 차이가 있다.

2. 어떤 아동이 영재인가

어떤 아동에게 영재성이 있다고 한다면, 이는 무엇을 의미하는 것일까? 그 아동이 수학과 같은 특정한 과목에서 높은 점수를 받는다는 뜻인가? 아니면 잘 쓰이지 않는 어려운 용어들을 유창하게 사용한다는 의미인가? 아니면 어린 나이에 피아노에 특별한 재능을 보인다는 뜻인가? 혹은 농년배에 비해 걷고 말하는 것을 빨리 시작하였거나, 배우는 속도가 빠르다는 의미인가?

이 모든 것은 그 아동에게 영재성이 있다는 지표가 되지만 이러한 특징이 없어도 영재일 수 있다. 영재아동에 대한 구체적인 특징을 살펴보기 전에 독자가 영재에 대해 얼마나 알고 있는지 다음의 퀴즈를 통해 살펴보고자 한다. 다음에 제시되는 6명의 사례[1]를 읽고 각 아동이 영재인지 아닌지를 맞추어 보라.

---

1) Rogers(2002)의 사례 참조.

'희수'의 사례

희수의 별명은 '두뇌'다. 희수는 리더십이 뛰어나거나 스포츠에 능하거나 예술을 잘하지도 않는다. 또한 다른 또래들보다 더 수업태도가 좋은 것도 아니다. 희수는 수업시간에 적극적으로 먼저 손을 들고 발표하거나 토론에 자발적으로 참여할 때도 있지만 그렇지 않을 때가 더 많다. 하지만 선생님이 희수를 주목하는 것은, 희수가 집중을 잘하며 호기심이 많기 때문이다. 희수는 친구들 사이에서 가장 머리 좋은 아이로 불린다.

수업시간의 희수의 행동은 사랑스럽기도 하지만 때로 선생님을 화나게도 한다. 희수는 너무 쉬운 문제를 보면 흥미 없어 하며 아무런 반응을 보이지 않다가도 가끔은 간단하고 쉬운 질문에 매우 고민한다. 희수의 행동은 매우 체계적이고 논리적이라, 선생님이 창의적인 활동을 요구할 때면 이를 납득하지 못하고 과제를 하지 않으려 해서 선생님을 당황하게 만들기도 한다. 희수는 모험을 별로 좋아하지 않아 오랜 기간 동안 작업해야 하는 프로젝트 과제를 해야 할 때는 미리 세부 과제의 순서와 해야 할 일들을 일목요연하게 정리한다. 희수는 학습 속도가 매우 빠르고 시험에서도 항상 만점에 가까운 점수를 받아 더 이상 정규수업으로는 학구열을 만족시킬 수 없다. 그러나 학교는 기본적인 내용을 가르치기에도 시간이 부족하기에 희수가 재능을 보이는 수학이나 과학 등의 과목에서 희수가 흥미로워할 만한 도전적인 과제를 따로 마련해 주기가 어렵다. 희수는 자신에게 맞는 수준의 내용을 제공받지 못하여 학교생활에 지루해 한다. 아마도 희수는 일반 교실에서 또래 아이들과 똑같은 수업을 받기보다는 3~4년 정도 학년이 높은 아이들과 수업을 받는 것이 나을 것이다.

희수는 영재인가? □ 예 □ 아니요

'미혜'의 사례

미혜의 별명은 '척척 박사'다. 미혜는 역사 시간에 항상 먼저 손을 들어 발표할 뿐 아니라, 선생님의 모든 질문에 정답을 이야기한다. 미혜는 '조선시대'에 관한 어린이 책뿐만 아니라 어른들 책까지 다 읽었다. 역사 시간의 어떤 주제들에 대해서도 미혜는 자신이 읽은 '조선시대'와 관련성을 찾으려고 한다. 역사 시간에 미혜는 신이 나서 손드는 것도 잊은 채 발표하기도 한다.

하지만 미혜는 수학에 대해서는 역사 과목만큼의 애정이나 지식이 없으며, 점수도 평균 이하다. 미혜는 역사 과목에서는 뛰어난 성취를 보이지만 영재교육 프로그램을 받지 못할 뿐더러, 대부분의 선생님들은 미혜의 낮은 수학 성적 때문에 그녀를 주목하지 않는다.

미혜는 영재인가? □ 예 □ 아니요

'준희'의 사례

준희의 별명은 '괴짜'다. 준희는 옷차림도 화려하며, 행동도 매우 자유롭다. 준희는 숙제를 할 때 질적으로나 양적으로 완벽한 수행을 원하며 자신이 만족할 때까지 과제를 하는 경향이 있다. 하지만 학교에서의 과제는 누구에게나 일률적인 평가 기준을 가지고 있고 제출일도 엄격하기 때문에 제출 날짜를 자주 넘기는 준희는 좋은 점수를 받지 못한다. 준희의 수학 점수는 평균 이하이나 글짓기는 항상 1등이다. 또한 사회는 매우 잘하지만, 과학은 거의 꼴등이다. 준희는 선생님과 갈등이 있거나 단순히 문제풀이를 반복하는 과목에 대해서는 흥미와 주의를 기울이지 않는다. 준희는 미혜와는 달리 현재 특별한 재능을 보이는 분야가 없지만 독창성을 보일 수 있는 잠재력을 가지고 있어서, 나중에 어느 특정 분야에서 전문가가 될 수 있을 것이다.

준희가 규율이 많은 학교를 졸업한 성인기에는 보다 행복할 것이라는 점은 의심할 여지가 없다. 왜냐하면 준희는 자신이 좋아하는 일에는 열성적이고 창의적이며 천부적인 사고의 유연성을 가지고 있기 때문이다.

준희는 영재인가? ☐ 예 ☐ 아니요

'태호'의 사례

태호의 별명은 '예술가'다. 태호의 생활은 바이올린으로 꽉 채워져 있다. 태호는 아침 5시에 일어나 등교 전에 바이올린 연습을 하고, 방과 후에 개인 레슨을 받으며, 자기 전에 몇 시간을 더 연습한다. 태호의 학교 선생님들은 태호가 연습에 얼마나 많은 시간을 투자하는지 알고 있으며, 그것이 정상이 아니라고 생각한다. 담임선생님은 "태호가 음악에 투자하는 것의 반만 학교 공부에 집중한다면, 정말 뛰어난 학생이 될 것이다."라고 말한다. 태호는 학업 면에서도 매우 뛰어나고, 사회적으로도 친구들과 잘 지낸다. 하지만 외부에서 보기에 태호는 그의 재능 분야에 강박적인 모습을 가진 것으로 보인다. 태호가 음악에서 자신의 재능을 찾고, 바이올린에서 최고가 되어야 한다고 결정한 후부터, 모든 학교 공부는 바이올린 연주에 영향을 끼치지 않는 내에서만 하게 되었다.

태호는 영재인가? ☐ 예 ☐ 아니요

'기현'의 사례

기현의 별명은 '날쌘돌이'다. 기현은 학교에서 쉬는 시간, 점심 시간마다 틈만 나면 축구를 하러 운동장에 나간다. 기현은 천부적인 운동감각을 가지고 있어, 축구든지 야구든지 모든 운동에서 항상 으뜸이다. 그는 친구들과 팀으로 함께 경기를 할 때 친구들을 잘 아우르며 주장 역할을 한다. 기현은 축구와 관련된 모든 사건들과 각 팀들의 전력, 해당하는 축구 선수들을 모두 기억하지만, 수학이나 역사 과목에서는 뛰어난 능력을 보이지는 않는다.

기현은 축구할 때가 가장 즐겁지만, 선생님과 부모는 그의 학교 성적이 높지 않은 것을 염려한다.

기현이는 영재인가? ☐ 예 ☐ 아니요

'나진'의 사례
나진이의 별명은 '대장'이다. 나진이는 거의 모든 사람들과 조화롭게 잘 지내는 보기 드문 능력을 가지고 있다. 나진이는 만나는 사람들을 대부분 다 좋아하며, 그들의 감정과 생각을 이해한다. 나진이는 어렸을 때부터 사람에 대한 감정이입이 뛰어나 TV에서 방송되는 기아와 난민을 보고 자주 울음을 터뜨렸다. 또한 나진이는 초등학교 때부터 각종 스포츠, 기금 모금 활동, 치어 리더, 학생회 등 모든 활동에 참여하는 것으로 유명하다. 나진이는 항상 새로운 경험을 찾고, 그룹의 리더 역할을 한다. 교실에서도 나진이의 생각은 친구들로부터 인정받는다. 하지만 나진이에게도 문제가 있다. 나진이는 학교 공부보다 다른 외적 활동에 더 많은 시간을 할애한다. 따라서 학교 공부를 쫓아가는 것이 더욱 어려워지고 있고, 나진이의 학업 실력으로 봐서는 공부에 더 많은 시간을 투자해야만 한다. 나진이의 학교 생활에 문제가 있는 것은 아니지만 선생님과 부모님이 학습의 중요성을 인식시켜 주지 못한다면 앞으로 더 큰 학업적 어려움에 부딪힐 것이다.
나진이는 영재인가? □ 예 □ 아니요

만약 당신이 6가지 상황 모두에 '예'라고 대답했다면, 당신은 영재아동에 대하여 잘 이해하고 있는 것이다. 이러한 영재아동의 6가지 유형은 지금까지 이루어진 선행 연구를 기반으로 각 영재성의 영역을 구분한 것으로, 이는 우리나라 영재교육진흥법과 미 교육부가 규정한 영재성의 영역을 모두 포함하고 있다.

영재성의 첫 번째 영역인 '일반 지적 능력'은 일반지능인 IQ가 높은 경우로 이는 희수의 사례다. 이렇게 일반지능이 높은 아이들은 일반적으로 대부분의 과목에서 높은 점수를 받는다.

두 번째 영역은 '특수 학문 적성'으로, 특정 과목에서의 높은 성취와 점수를 보이는 경우로 위의 사례 중 미혜가 이에 해당된다.

세 번째는 '창의적 사고 능력'으로, 높은 창의적 행동들을 보이며 창의성 검사에서 높은 점수를 나타내는 경우다. 준희의 사례가 이에 해당한다. 창의성 검사는 일반적으로 사고의 다양성, 유연성, 정교성, 독창성 등을 평가하거나 실제적인 산출물에 대한 전문가 평가 등으로 이루어진다.

네 번째는 '예술적 재능'으로 태호의 경우다. 이러한 영역은 태호처럼 음악가일 수도, 미술가, 작가, 무용수 또는 디자이너일 수도 있다. 이 영역에서 영재성은 '예술 분야 전문가로부터의 평가'에 따라 일반적으로 확인된다.

다섯 번째는 '신체적 재능'으로, 높은 신체 운동 감각을 가지고 있어 신체의 전부 혹은 일부를 효과적이고 효율적으로 사용하여 과제를 완수하는 능력이다. 위의 사례에서 기현이가 이에 해당하며, 신체적 재능이 높은 아동은 춤, 마임 혹은 각종 스포츠에서 두각을 나타낸다.

마지막은 '리더십(leadership)' 영역에서 재능이 있는 것으로, 나진이의 사례가 이에 해당한다. 이 영역에서 영재성이 있다는 사실은 주로 어른이나 주변인들의 관찰로 이루어지기에, 판별 과정의 많은 부분이 주관적이라고 할 수 있다. 이 영역은 미국 교육부가 규정한 영재성 영역의 한 부분이나 우리나라에서는 따로 명시하지 않고 있으며, '기타 특별한 재능'으로 구분될 수 있는 영역이다. 그러나 앞으로 인지 능력 이외에 리더십이 중요하게 여겨지는 만큼 이 영역에 주목할 필요가 있다.

영재성은 성, 인종 그리고 종교나 사회경제적 차원을 넘어서 모든 하위그룹에 동일한 비율로 존재한다. 특정 그룹에 유리한 영재 판별이 되지 않고 아동의 정확한 영재성을 확인하기 위하여 영재아동의 행동과 특성들을 파악할 필요가 있다.

3. 각 영재 영역의 심리 · 행동적 특징

6명의 아동 사례에서 살펴보았듯이 저자들은 영재성의 영역을 6가지, 즉 일반 지적 능력, 특정 학문 적성, 창의적 사고 능력, 예술적 재능, 신체적 재능, 리더십으로 구분하였다. 각 영역에서 나타나는 실제 행동과 특성들을 보다 자세히 설명하면 다음과 같다.[2)]

일반 지적 능력: '두뇌'

- **골똘히 생각하고 성찰**
  무언가 문제가 생기면 바로 풀려고 하기보다는 그것에 대하여 생각하는 데 많은 시간을 보낸다. 이러한 유형은 "이 문제가 어떤 종류의 문제인가?" "이전에 비슷한 경험을 한 적이 없었는가?" "다른 종류의 해결 방법이 있지 않은가?" "문제가 발생하기 전 미리 막을 수 있는 방법은 없는가?" 등에 대해 신중히 생각한다.
- **유추적, 비유적 사고**
  현재 배운 것을 과거에 다른 영역에서 배웠거나 비슷한 내용들과 연결시킨다. 때때로 아동을 지켜보는 부모와 교사들은 아동들이 비약적으로 연결시킨 내용에 대해 이해하기 힘들 때가 있으며, 이러한 경우 아동은 매우 비현실적으로 보이게 된다.

2) Rogers(2002)의 사례 참조.

- **배우는 것에 대한 열망**
  현상과 사상을 합리적으로 설명하는 것, 개념에 대하여 토론하는 것 등 배움에 대한 순수한 애정을 가지고 있으며, 일반적으로 학교를 좋아한다. 항상 특별하고 새로운 것을 배우려는 열망이 끊이지 않는다.
- **뛰어난 집중과 기억력**
  주위에서 무슨 일이 일어났는지를 인식하지 못할 정도로 과제에 집중한다. 또한 특별한 노력이 없이도 새로운 정보를 쉽고 빠르게 기억하며, 이를 오랫동안 기억한다.
- **문제의 핵심 찾기**
  어느 상황에서 무엇이 핵심이고 진짜 중요한 것인지를 빨리 이해한다. 따라서 여러 정보 중 문제를 푸는 데 관련 있는 정보와 관계없는 정보를 쉽고 빠르게 구분한다.
- **빠른 인지발달**
  인지발달이 빨라 Piaget의 인지발달 이론의 마지막 단계인 형식적 조작기에 일반아동보다 일찍 도달하며, 따라서 어린 나이에도 추상적이고 논리적인 사고를 할 수 있다.

특수 학문 적성: '척척 박사'

- **특정 분야에 대한 강한 흥미와 동기, 뛰어난 기술과 지식**
  자신이 좋아하는 주제에 대하여 다 배울 때까지 항상 그것에 대하여 생각하는 경향이 있다. 이러한 흥미, 동기들은 넓은 분야가 아닌 좁은 특정 분야에서 나타난다.
- **자기비판**
  일반 또래보다 자신에 대해 높게 평가하지 않는다. 모든 분야를 고르게 잘하지 않기 때문에 자신이 높은 능력을 가지고 있다는 것을 의심한다.
- **성취에 대한 욕구**
  자신이 흥미 있어 하는 지적 영역을 모두 숙달하고 싶어 하고 그 분야에서 최고로 인정받고 싶어 한다.
- **뛰어난 집중과 기억력**
  주위에서 무슨 일이 일어났는지를 인식하지 못할 정도로 과제에 뛰어난 집중을 한다. 또한 특별한 노력 없이도 새로운 정보를 쉽고 빠르게 기억하며, 또한 이를 오랫동안 기억한다.
- **배우는 것에 대한 열망**
  현상과 사상을 합리적으로 설명하는 것, 개념에 대하여 토론하는 것 등 배움에 대한 순수한 열정을 가지고 있으며, 일반적으로 학교를 좋아한다. 항상 특별하고 새로운 것을 배우려는 열망이 끊이지 않는다.

창의적 사고 능력: '괴짜'

• 사고의 유연성
정보를 다양한 관점과 방향에서 바라보며, 다양한 각도에서 해결책을 찾는다.

• 자기 방식의 고수
자신을 둘러싼 환경을 자신에게 의미 있는 것으로 만들려는 욕구가 강하다. 학교에서 자신이 사용하는 책상과 의자의 위치, 숙제까지 모든 것을 자신이 구조화하려 한다.

• 모험 추구
새로운 일을 좋아하여 실패 시에 자신이 놀림을 당하거나 좌절을 겪거나 신체적으로 위험하더라도 지속적으로 모험을 추구한다.

• 애매한 것에 대한 관용
한 가지 해결책만 있지 않고 여러 가지 해결책이 있는 과제를 선호한다. 문제나 답이 모두 정의되어 있지 않는 혼란하고 애매한 과제 또는 비구조화된 과제에 대하여 불편해하지 않고 편안함을 느낀다.

• 자아 개념
긍정적인 자아 개념과 자신감을 가지고 있다.

• 결과에 대한 내적 귀인
성공과 실패에 대한 귀인을 자신의 노력과 능력에 둔다.

예술적 재능: '예술가'

• 특정 분야에 대한 강한 흥미와 동기, 뛰어난 기술과 지식
자신이 좋아하는 주제에 대하여 다 배울 때까지 항상 그것에 대하여 생각하는 경향이 있다. 이러한 흥미나 동기는 넓은 분야가 아닌 좁은 특정 분야에서 나타난다.

• 자기비판
일반 또래보다 자신에 대해 높게 평가하지 않는다. 모든 분야를 고르게 잘하지 않기 때문에 자신이 높은 능력을 가지고 있다는 것에 대해 의심한다.

• 예술에 대한 뛰어난 집중
예술에 관련된 과제나 그에 필요한 기술을 연습할 때 아무리 주변이 시끄럽고 어수선해도 과제에 집중한다.

• 예술에서의 상징적 언어 이해
각 예술이 필요로 하는 상징 언어에 대한 이해가 빠르다. 즉, 시각 예술의 경우 형태와 색의 의미, 음악에서의 음표와 소리, 문학에서 언어와 의미를 빠르게 이해한다.

신체적 재능 : '날쌘돌이'

• 신체적 유연성
신체를 움직이는 활동을 좋아하고 자신감을 가지며, 이러한 활동에서 몸을 조화롭게 움직이며, 균형을 잘 잡고, 요구되는 움직임을 정확히 따라할 수 있다.

• 활동성과 열정
몸을 끊임없이 움직이며 자신의 에너지를 발산하는 것을 좋아한다. 또한 스포츠나 무용의 경우 신체적 움직임에 몰입하는 것을 볼 수 있으며, 보다 나은 동작을 만드는 데 열정을 보인다.

• 신체적 움직임에 대한 지적 이해
신체적 움직임이 가져올 결과와 하나의 움직임 다음에 와야 하는 가장 적합한 움직임을 파악하고 계획한다.

• 지구력과 체력
신체적 한계를 느낄 때 이를 참고 견디며, 끈기 있게 신체적 움직임의 완성도를 높이고자 노력한다.

• 용기와 자신감
어렵거나 위험해 보이는 신체적 활동에도 도전하는 용기를 보이며, 이러한 활동에 높은 자신감을 보인다.

리더십: '대장'

• 목표로부터의 계획
궁극적 목표를 이루기 위해 현재 필요한 것이 무엇인지를 잘 안다. 또한 복잡한 과제를 일련의 작은 부분으로 나누어 계획하는 능력이 뛰어나다.

• 전체를 보는 눈
복잡한 정보를 전체적이고 통합적으로 파악하는 능력이 있다. 따라서 적은 노력으로도 많은 정보의 유사점과 차이점을 쉽게 파악한다.

• 독립성
상대적으로 타인의 압력에 영향을 덜 받으며 독립적이다.

• 성취에 대한 욕구
자신이 재능 있는 분야에 대하여 통달하고 그 분야에서 전문가로 인정받고 싶어 한다.

• 타인에 대한 민감성
타인에게 어떻게 행동하고 반응해야 하는지에 대한 직관적 지식을 가지고 있다.

• 감정적 안정성
지나친 근심이나 불안 없이 감정적으로 안정되어 있으며, 상대방의 감정을 잘 수용한다.

• 타인의 관점 공유
타인의 생각, 감정, 상황을 잘 이해하고, 자신이 그 상황에 있는 것처럼 공감한다.

4. 영재성에서 재능으로의 발전 과정 : 모든 영재성이 재능으로 발현되는 것은 아니다

'영재아동'과 '재능아동'이라는 용어는 일반적으로 혼용되고 있다. 그러나 Gagné(1985, 2003, 2005)는 영재성과 재능을 구분하였다. 이러한 구분은 영재성을 재능으로 발현시키기 위하여 적합한 교육을 제공해야 한다는 점을 강조한다는 측면에서 보다 나은 이해의 틀을 제공한다.

'영재'나 '영재성'은 특정 영역에서 타고난 능력이나 역량을 의미한다. 모든 아이들이 특정한 능력이나 역량을 가지고 태어나지만, 특히 영재아동은 상대적으로 그 능력이나 잠재력이 뛰어난 영재성을 가지고 태어난다는 것을 의미한다.

이러한 잠재적인 영재성은 매우 일반적인 영역에 걸쳐 나타날 수도 있고 특수한 영역에 국한되어 나타날 수도 있다. 예를 들면, 높은 지적 잠재력을 가진 아동은 철학적 문제이든 실제 세계에서 나타나는 문제이든 간에 다양한 문제를 이해할 수 있는 반면, 어떤 아동은 수학 추론과 같은 특정 영역에서만 뛰어난 능력을 나타낸다. 또한 영재성은 일반적 영역에서든 특정 영역에서든 하나의 영역에만 국한되어 나타나는 것이 아니라 여러 영역에 걸쳐 나타날 수 있다. 예를 들면, 일반 지적 능력이 뛰어남과 동시에 예술적 재능 또한 뛰어날 수 있는 것이다.

[그림 2]의 Gagné의 영재성과 재능의 분화이론(Differentiated

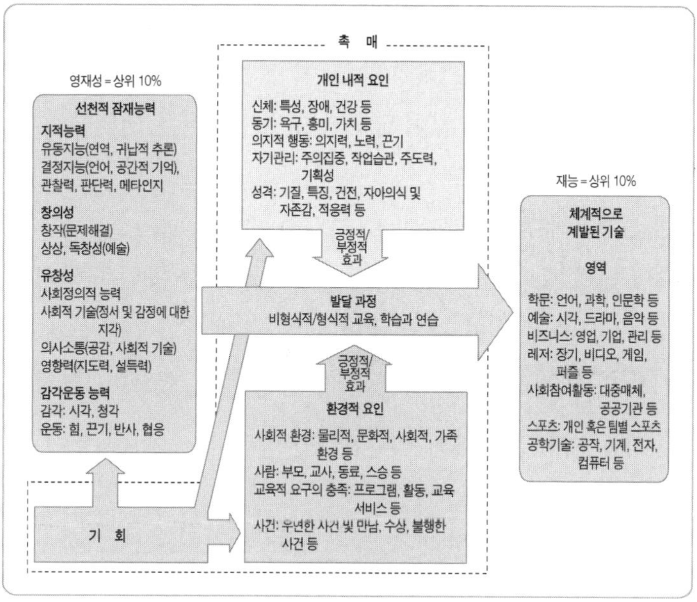

[그림 2] Gagné의 영재성과 재능의 분화이론
(Differentiated Model of Giftedness and Talent, DMGT)

출처: Gagné (2003).

Model of Giftedness and Talent, DMGT)을 보면, 이 이론은 왼쪽에 나타난 영재성이 오른쪽의 재능으로 발전해 나가는 과정과 이에 영향을 주는 요소들을 포함하고 있다.

Gagné는 상위 10%의 잠재능력을 가진 아동을 영재아동으로 보았으며, 이러한 잠재능력은 선천적이라고 보았다. 모형의 왼쪽에 기술된 선천적 잠재능력에는 지적 능력, 창의성, 사회정의적 능력, 감각운동 능력 등이 포함되며, 이러한 잠재능력이 모형의 오른쪽에 기술된 재능으로 발전되어 간다. 이러한 재능의 영역에는 크게 학문, 예술, 비즈니스, 사회참여활동, 스포츠, 공학기술 등이 있으나 이외에도 다른 영역들이 포함될 수 있다.

Gagné의 모형에서 중앙에 위치한 촉매(catalyst)는 아동의 외적 · 내적 요인으로 영재성의 발달에 중요한 영향을 미치는 요인이다. 촉매 요인 중 아동의 개인 내적 요인에는 신체 특성, 동기, 의지적 행동, 자기관리, 성격 등이 있으며, 환경적 요인에는 사회적 환경, 사람, 교육요구의 충족, 사건 등이 있으며, 마지막 요인은 우연한 기회다. 이 중 신체 특성이나 우연히 행운의 기회를 얻는 것 등과 같은 몇 가지 촉매는 가정과 교육이 영향을 줄 수 있는 것이 아니지만, 대부분의 촉매들은 가정과 교육을 통해 직접적 혹은 간접적으로 영향을 미칠 수 있는 요소들이다. 아동의 잠재능력은 이러한 촉매로 계발될 수도 혹은 저해될 수도 있다.

이 모형은 두 가지 중요한 점을 시사한다. 첫째, 영재성이 있어도 재능으로 발현되지 못할 수 있다는 점이다. 즉, 영재성은 있으나 촉매의 작용이 부정적이었을 경우 영재성이 발현되지 못하고 사장될 수 있다. 예를 들어, 아동이 심각한 신체적 장애를 가졌거나, 적합한 교육을 받지 못하여 흥미를 잃거나, 가족들의 지지가 없어 영재성이 계발되지 못했을 경우 잠재능력이 발현되지 못할 수 있다. 두 번째로 영재성 없이는 뛰어난 재능을 나타낼 수 없다는 것이다. 아동이 높은 수준의 수행능력을 보이는 것은 처음 출발에서 잠재능력을 가지고 있다는 것을 의미한다. 어떤 이도 그가 가진 역량보다 많은 것을 해낼 수는 없으며, 만약 어떤 사람이 예상외의 높은 성취수준을 보인다면 그의 잠재능력에 대한 평가가 틀렸다는 것을 의미한다. 예를 들면, 에디슨이 창의적인 발명품을 만들어 내기 전까지 사람들이 내렸던 그에 대한 부정적인 평가는 그의 잠재능력에 대한 평가가 잘못되었다는 것을 보여 준다. 즉, 이는 에디슨이 영재성 없이 노력만으로 재능을 발휘했다는 생각이 잘못된 것임을 보여 주는 것이다. 이 측면에서 볼 때 일부 학부모들이 조기 영재교육을 시킴으로 영재를 만들 수 있다고 믿는 것은 잘못된 믿음이다.

이렇게 영재성과 재능을 구분할 때 앞에서 살펴본 6가지 영재성 영역에서 이 두 개념이 어떻게 구분되는지 정리하면 〈표 2〉와 같다.

그렇다면 우리 아이가 가진 장점이 영재성이나 재능을 나타내는 것일까?

"어떻게 우리 아이가 영재인지 알 수 있을까?"에 대해 답하기 위해서는, 아동이 가진 영재성 및 재능을 평가하는 작업이 이루어져야 한다. 비록 IQ 점수나 인지능력 검사 점수가 객관적인 정보로 사용되고 있지만, 이러한 검사 점수는 창의적 영재성과 재능을 확인하는 것에는 유용하지 않고, 리더십이나 학문 이외의 분야에서의 영재성과 재능을 확인하는 것도 어렵다. 따라서 검사를 통한 양적, 객관적 정보와 함께 관찰 등에

〈표 2〉 영재성과 재능의 차이

재능	영재성(잠재능력)의 예들	재능(실제 수행)의 예들
일반적인 지적 능력	높은 수준의 추론을 하고 추상적으로 생각하는 능력	또래에 비해 높은 수준의 문제 해결 과제에서 성공적인 수행
특정 학문 적성	특정 학문 영역(수학이나 쓰기 등)에서 뛰어난 수준을 가질 역량	특정 학문 영역에서의 또래나 학년 수준에 비해 뛰어난 수행
창의적 사고 능력	일반적인 혹은 특수한 영역에서 뛰어난 확산적 사고능력	수학, 영화, 쓰기, 예술, 광고 등의 영역에서 독특하고 창의적인 해결책 제시
예술	음악가, 예술가, 작가 등이 될 수 있는 잠재능력	특정 예술 형식에서 숙달된 수준의 수행을 하고, 이러한 수행을 인정받음
신체적 재능	신체의 전부 혹은 일부를 효과적이고 효율적으로 사용할 수 있는 능력	춤, 스포츠 등의 영역에서 숙달된 수준의 신체적 수행을 보임
리더십	리더가 될 수 있고, 타인을 이해할 수 있는 잠재능력	프로젝트 책임을 맡고 조직을 성공적이고 효율적으로 운영

따른 질적, 주관적 정보 모두를 포함하여 보다 다양한 평가를 하는 것이 필요하다.

이러한 영재성 평가를 받기 전에 우리 자녀가 이러한 영재성을 가지고 있는지 판단하고 싶다면 부록으로 실어 놓은 '영재성 체크 리스트(Rogers, 2002)'를 사용하여 보라. 만약 여기에서 영재성, 잠재성이 있다고 부각된 영역이 있다면 그 영역의 영재교육 전문가와 상의하여 보다 정확한 평가를 받는 것이 필요하다.

2 영재성 및 재능 판별

영재아동의 판별에서 가장 큰 논점으로 자주 등장하는 것은 사용되고 있는 공식적 판별 절차와 영재 판별 시 상위 3~5%를 선발하는 것에 대한 논란이다. 많은 전문가들은 영재를 판별할 때 시험이나 능력의 등급화, 혹은 교사의 형식화된 추천 등에 중심을 두어 선발하는 형식적 판별 체제에 반대한다. 이러한 절차는 중산층 학생 및 학업 우수아에게 유리할 수 있으며, '진짜 영재아'를 판별하는 데 왜곡의 가능성이 있기 때문이다. 따라서 많은 전문가들은 형식적 절차 외에도 재능 영역에서의 실제 수행을 관찰할 것을 추천한다. '진짜 영재아'를 선발에서 누락시키지 않기 위해서는 기존의 판별 방법인 수행 성적의 상위 3~5%를 선발하는 것을 보다 확대하여 상위 15~20%의 아동들을 선발하여 교육프로그램을 제공하고, 교육과정 동안 매년 실시한 아동들의 관찰 결과를 선발에 반영할 것을 추천한다. 이러한 선발 절차에 대한 대표적인 예가

Renzulli(1994; Renzulli & Reis, 1997)의 모델로 이 장에서 보다 자세하게 설명할 것이다.

1. 영재 판별 방법

일반적으로 사용하는 판별 방법들은 지능검사, 성취 검사, 창의성 검사, 교사 추천, 부모 추천, 또래 추천, 자기 추천, 산출물 평가 등이 있으며, 이에 대한 설명이 〈표 3〉에 기술되어 있다.

〈표 3〉 영재 판별 방법

판별 방법	특 징
지능검사	• 실제적으로 많은 영재 프로그램들이 일반 지적 능력에서의 영재성에 관심이 많기에 지능검사를 많이 사용함 • 지능검사의 점수뿐 아니라 검사 과정 시 나타나는 아동의 집중, 수행 수준, 자신감, 실패 시 반응 등의 정적 요소도 고려할 사항임 • 지능검사는 높은 잠재력을 가졌으면서도 수행이 낮은 저성취 아동을 판별하는 데 도움이 됨 • 지능 점수에 대한 과도한 비중은 일반지능 이외에 다른 재능을 가진 잠재 영재학생들을 제외시킬 위험을 가짐 • 지능검사: Stanford-Binet 지능검사, Wechsler 지능검사 등
성취 검사	• 성취 검사 결과는 특정 학업 적성 및 수행의 좋은 지표가 됨 • 검사들의 난이도는 영재들에게는 상대적으로 낮아서 매우 높은 성취를 보이는 영재아동들을 구별하는 데 어려움이 있을 수 있음
창의성 검사	• 일반 지능검사 등으로 측정할 수 없는 창의적인 재능에 대한 판별 • 창의성 검사의 두 가지 주요 범주: 확산적 사고 검사와 창의적 성격 특성 검사 • 확산적 사고 검사는 일반적으로 사고의 유창성, 유연성, 독창성, 정교성 측정

창의성 검사	• 대표적 확산적 사고 검사: Torrance 창의적 사고력 검사(TTCT: Torrance Tests of Creative Thinking, 1966, 1998), Meeker의 확산적 사고 검사(Meeker & Meeker, 1982), Jellen & Urban의 창의적 사고 그림 검사(TCT-DP: Test for Creative Thinking Drawing Production, 1986), 정원식과 이영덕(1993)의 표준화된 창의성 검사, 전경원(1999)의 유아 종합 창의성 검사 등 • 창의적 성격 특성 검사: Rimm(1982)의 유아 창의적 흥미 검사(PRIDE: Preschool and Primary Interest Descriptor), Rimm과 Davis(1976)의 집단 창의적 흥미 검사(GIFT: Group Inventory for Finding Interests) 등
교사 추천	• 교사의 관찰을 바탕으로 영재아동을 추천하는 것으로 일반적으로 많이 사용 • 검사 방법 중 가장 낮은 신뢰도와 타당도를 보임 • 구조화된 추천 방식과 평정을 사용하여 이러한 단점을 보완 • 교사 추천을 위한 학생 특성 평정 도구: Renzulli 등(1976, 2002)의 영재 특성 검사(SRBCSS: Scales for Rating Behavioral Characteristics of Superior Students) 등
부모 추천	• 아동과 청소년에 대하여 가장 많은 것을 알고 있는 사람은 부모들로서 영재 판별을 위한 가치 있고 타당한 정보를 제공 • 특히 유아기의 어린 아동에게 부모의 아동 영재성 평정은 매우 적합하고 타당함 • 그러나 부모가 아이의 능력을 과장하거나 과소평가할 수 있는 위험이 존재함 • 부모들을 위한 영재 특성 평정 도구: Roger(2002)의 아동 영재성 체크리스트(PIP: Parent Inventory for Finding Potential), Tongue와 Sperling(1976)의 영재 유아 특성 평가지(Parent's Nomination Form) 등
또래 추천	• 또래들은 각 아동에 대하여 부모나 교사가 모르는 정보들을 가짐 • 따라서 장애아, 소수민족 등의 영재아동 판별에 장점 • 또래 추천을 사용하는 경우는 평가하려는 특성, 학년 수준, 추천을 위한 질문 방법(직접 질문, 간접 질문 혹은 게임을 통한 방법) 등을 고려해야 함
자기 추천	• 타인의 관찰과 일반 검사에서는 잘 드러나지 않는 특별한 창의성이나 재능을 자신이 느끼고 추천하는 방법 • 자신을 직접 영재 프로그램에 추천하는 방법은 일반 검사에서는 드러나지 않는 영재성을 가진 아동을 판별하는 데 좋은 방법임 • 자신에 대하여 객관적 평가가 가능하고 세부 재능 분야가 뚜렷한 고등학교 단계에서 특히 높이 추천되는 방법
산출물 평가	• 영재성에 대한 좋은 지표는 실제 학생들이 결과로서 보여 주는 산출물로, 이에 대한 질적 평가를 의미함 • 각 영역의 전문가 또는 관련 학과목 교사가 평정 • 비형식적 평가가 일반적이나 구조화된 평가도 가능

2. Renzulli의 영재 판별 모형: 재능풀 구성

Renzulli(1994; Renzulli & Reis, 1997)의 영재 판별 모형인 재능풀 구성(Talent Pool Composition)은 Renzulli의 영재교육 모형인 전체 학교 심화 모형(SEM: Schoolwide Enrichment Model)에서 사용되는 영재 판별 방법으로, 미국의 경우 많은 학교와 주가 이를 적용하고 있다. 이러한 재능풀 구성을 기초로 한 영재 판별 모형은 영재의 범위를 15~20%로 확대함으로써 영재교육의 기회를 보다 많은 수의 학생, 보다 다양한 능력의 학생들에게 확대하고자 하며, 영재임에도 불구하고 영재교육을 받지 못하는 위험을 최소화하고자 하는 교육 철학에서 비롯되었다.

전체 5단계의 경로[3]를 거쳐서 잠재적 영재아동을 선발하며, 이러한 선발과정은 특정 시기 동안이 아니라 1년 내내 지속적으로 진행된다. 각 단계에 대한 설명은 다음과 같다([그림 3] 참조).

1) 1단계: 표준화 점수에 따른 선발

이 단계에서는 지능 및 학업성취 등의 표준화된 검사 도구에서 높은 점수를 받은 아동을 전체 재능풀의 50%를 선발한다. 일반적으로 표준화 검사에서 상위 90% 이상의 점수를 받

3) 원 재능풀 모형은 '특별 추천' 후 '부모에 대한 통지와 오리엔테이션' 과정을 포함하여 6단계 모형으로 설명하였으나, 이 책에서는 순수한 선발단계인 총 5단계에만 초점을 두어 설명하였다.

은 학생을 1차 선발한다. 따라서 전통적으로 지능 또는 학업 성취가 높은 학생이 자동적으로 선발되며, 지능이 높고 성취가 낮은 학생, 하나의 재능에 뛰어난 학생, 그리고 다양한 분야에서 높은 능력을 보이는 학생이 모두 포함된다.

2) 2단계: 교사 추천

2단계에서는 표준화 검사로 쉽게 드러나지 않는 영재 특징들, 예를 들어, 높은 수준의 창의성이나 과제집착력(task commitment), 독특한 흥미나 재능, 특정 영역에서 뛰어난 수행을 보이거나 잠재능력을 나타내는 학생들이 교사 추천으로 영재 프로그램에 포함된다. 타당한 추천을 위해서는 교사 훈련이 필요하며, 훈련을 받은 교사들이 추천한 학생들은 표준화 점수에 따른 선발과 동등하게 재능풀에 선발된다. 그러나 너무 많은 학생들이 교사 추천되는 경우 각 학교의 영재 선발위원회에서 재검토할 수 있도록 순위를 정하는 것이 필요하다.

3) 3단계: 대안적인 선발

대안적인 선발 방법들은 일반적으로 부모 추천, 또래 추천, 창의성 검사, 자기 추천, 산출물 평가, 그 밖의 다양한 방법들을 포함한다. 이 단계에서 추천받은 학생들은 자동적으로 재능풀에 포함되는 것은 아니고 선발위원회의 심사에 따라서 결정된다. 선발위원회에서는 이전 학교 기록을 조사하는 것을 비롯하여 학생, 교사, 부모와의 인터뷰, 개인적 평가 등을 통하여 대상 학생들을 선발한다.

4) 4단계: 특별 추천(첫 번째 영재 발굴 안전장치)

특별 추천 단계인 4단계에서는 3단계까지 선발된 모든 학생들의 리스트를 모든 교사들이 볼 수 있도록 한다. 이 단계에서는 현재 담임교사가 추천하지 않은 학생들 중에서 전년도 담임교사가 지명을 할 수 있다. 따라서 전 단계에서 선발되지 않은 학생들 중 영재성이 있음에도 불구하고 누락되는 위험을 방지하는 안전장치로서의 역할을 담당한다. 교사는 특별히 창의적으로 보이거나 특정 영역에서 특별한 강점을 가진 학생들 중 누락된 학생을 다시 추천할 수 있다.

5) 5단계: 추가 선발(학생의 활동 정보를 통한 추천: 두 번째 영재 발굴 안전장치)

이러한 여러 단계에도 불구하고 재능풀에 선발되지 않은 영재학생들이 존재할 가능성이 있다. 따라서 학급에서의 여러 심화 활동에서 뛰어난 수행을 보이는 학생의 활동 정보(action information)를 통하여 선발위원회가 추가 선발할 수 있다. 이는 모든 선발 단계가 종료된 후에도 잠재적 영재성을 보이는 학생을 포함시키는 두 번째 안전장치다.

구성	선발 방법 구분	세부 선발 방법	심사 방법
50%	표준화 검사에 따른 선발	지능, 학업성취 등 표준화 검사	자동 선발
50%	비표준화 검사에 따른 선발	교사 추천	
		대안적인 선발 방법: 부모 추천, 또래 추천, 창의성 검사, 자기 추천, 산출물 평가	선발 위원회의 심사
		특별 추천: 현 담임 교사 이외의 타 교사 추천	
α%	추가 선발	학생의 활동 정보를 통한 추가 선발	

[그림 3] 재능풀 구성 및 선발 방법

3. 우리나라의 영재 선발

우리나라는 2002년 영재교육진흥법 시행령에 의거하여 각 시도교육청 및 대학에서 영재아동을 선발하여 교육을 실시하고 있다. 앞에서 예를 든 영재 선발은 미국의 경우로 각 주, 학교, 교육 지역구에 따라 선발되며 그 선발 비율은 1~15%로 다양하다. 영국은 5%, 이스라엘은 3% 정도인 반면, 우리나라는 전체의 0.5% 이상을 영재교육 대상자로 설정해 놓고 있는데, 이와 같은 영재 선발의 비율은 각 국가의 영재에 대한 정의, 교육 예산 등에 따라 달라진다.

영재 선발의 기준도 각 국가마다 다르며, 우리나라도 미국의 예와 같이 영재 선발 시 다양한 선발 방법을 사용할 것을 권장하고 있다. 우리나라의 경우 영재교육 기관별로 특징과 프로그램이 모두 다르기 때문에 선발 기준은 각 기관에서 위원회를 구성하여 정하도록 하고 있다. 일반적으로 표준화 검사, 창의성 검사, 심층면접 또는 실험실습, 캠프활동을 통한 관찰 등 다양한 판별 도구를 통해 선발이 이뤄진다. 또한 영재교육 대상자는 학교장이나 지도교사, 영재교육 전문가의 추천을 반드시 받도록 하고 있다. 영재교육 기관은 신청서 접수 1개월 전에 전형공고를 한 뒤 기관별로 '영재교육 대상자 선정 추천 심사위원회'를 구성, 다양한 선발 절차를 거쳐 선정한다. 마지막으로 영재교육 기관은 선정된 대상자를 해당 시, 도 교육감에게 추천하며 교육감이 교육대상자를 최종 선발한다.

1) 선발 시기

선발 시기는 영재교육 기관별로 계획하여 수립하고 있다. 먼저 지역교육청 초등학생 및 중학생 선발은 한국교육개발원 영재교육센터에서 개발한 판별도구를 활용하여 1월 중순에 공동선발을 하고 있으며, 과학고등학교, 과학전시관 및 예술계 고등학교, 대학교에 설치된 영재교육원 및 영재학급은 자체적으로 판별도구를 개발하여 가급적 4월 중에 선발하는 것을 원칙으로 하고 있다.

2) 선발 절차

선발 절차는 〈표 4〉의 기본 틀을 참조하여 기관별로 적용하고 있다. 선발의 기본 방침은 선행학습을 한 학생이 유리하지 않도록 반드시 다단계 선발 절차를 실시하고, 단계별 선발 인원(예: 2차 선발의 경우 정원의 200%, 3차 선발의 경우 정원의 150%, 4차 최종 선발의 경우 정원의 100% 등)도 다르게 할 것을 강조한다.

〈표 4〉 우리나라 A 교육청의 영재 선발 과정

재능 영역	선발 절차
과학, 수학, 정보 분야	• 1차 선발: 학교장 추천 • 2차 선발: 영재성 판별검사 I(창의적 문제해결력 검사) • 3차 선발: 영재성 판별검사 II(과제수행능력 검사) • 4차 선발: 심층 면접
예능 분야	• 1차 선발: 학교장 추천 • 2차 선발: 기본 표현능력 소양 검사 • 3차 선발: 영재성 잠재능력 탐색 검사 • 4차 선발: 심층 면접
기타 분야	• 1차 선발: 학교장 추천 • 2차 선발: 창의성 검사, 적성 검사, 흥미 검사, 지능검사 등 실시 • 3차 선발: 문제 해결 과정 관찰 평가, 완성 작품 관찰 평가 등 • 4차 선발: 심층 면접

3) 영재교육 대상자 선정 추천 심사위원회 설치 · 운영

영재교육 대상자를 선정하는 경우는 심사위원회를 설치하여 운영하도록 하여, 선정과 추천에 관한 사항을 심의하고 있다. 심사위원회는 위원장을 포함하여 15인 이내로 구성되는데 심사위원들은 당해 영재교육 기관에서 영재교육을 담당하는 교원, 영재교육 전문가, 영재교육 대상자 선정에 관한 전문적인 지식을 갖춘 자, 교육행정 경력 5년 이상의 교육공무원 등으로 이루어진다.

3 영재성 및 재능 발달 과정

아동이 신체적, 인지적, 정서적으로 발달해 감에 따라 영재성과 재능도 발달하여 나가는데, 영재아동의 경우 다른 발달 지표보다 재능 영역에서의 능력이 보다 빠른 속도로 발달하며, 각 영역에서의 발달 속도가 균일하지 않은 특성을 보인다.

이러한 영재성 및 재능의 발달 과정을 각 발달 연령별로 사례[4)]를 살펴보고 각 연령별 영재아동의 특성과 이에 따라 고려해야 할 교육적 사항을 설명하고자 한다.

---

4) Piirto, J.(1990) 참조.

1. 영유아부터 초등학교 저학년까지

'미진'의 사례

미진이는 만 4세로 항상 학교 놀이를 한다. 자신은 선생님이고, 인형들이 학생이다. 미진이는 학교에 입학하기를 손꼽아 기다리고 있다. 놀이방에서도 미진이는 게임을 할 때 항상 다른 아이들을 주도한다. 왜냐하면 미진이만 글을 읽을 수 있기 때문이다. 놀이방 선생님은 미진의 엄마에게 미진이가 무척 똑똑하다고 말했다. 미진 엄마는 전문가에게 미진이의 지능검사를 의뢰했는데 그 결과 미진의 IQ는 145로 나타났다. 이는 미진이가 초등학생이 되면 학업 영재아동 프로그램에 참여할 수 있는 자격이 될 수 있는 수준이었다.

마침내 미진이는 6세가 되어 유치원에 갔다. 유치원에 갔을 때 미진이도 다른 아이들처럼 엄마와 떨어지는 게 불안하였다. 아이들의 반쯤은 부모가 떠나자 울기 시작했다. 미진이는 교실을 둘러보고 선반에 있는 책들을 발견하여 읽기 시작하였다. 미진이는 무엇을 해야 할지 모를 때마다 항상 책을 읽는 버릇이 있었다. 모든 부모들이 떠나자 선생님은 바닥의 선을 따라 앉으라고 했고, 아이들은 커다란 이름표를 받은 다음 선생님 말씀대로 반원을 만들어 앉았다. 선생님이 "여러분, 내 이름은 김혜영이에요. 유치원에 온 걸 환영해요. 우리는 한글이랑 숫자를 배울 거예요."라고 하자 미진이는 "하지만 저는 이미 다 읽을 수 있는데요…."라면서 실망하며 말했다.

"훌륭한데, 미진아. 하지만 이야기를 하고 싶을 때는 먼저 손을 듣고 선생님이 부르면 그때 이야기해야 해요." 김 선생님이 말했다.

"그렇지만 나는 이미 읽을 수 있어요!" 미진이는 화가 났고, 눈가에는 눈물이 고이기 시작했다. "미진아, 훌륭해. 그렇지만 유치원에서 우리는 다 같이 읽는 법을 배울 거야. 자, 가서 앉아 주세요." 김 선생님이 말했다.

1) 일반적인 특성

영재아동은 미진이의 사례와 같이 일반아동보다 각 재능 영역에서의 빠른 발달 특징을 보인다. 언어에 재능이 있는 아동은 또래 아동보다 어휘력이 높으며 어릴 때 이미 문장을 구사한다. 많은 영재아동들은 글자를 가르치지 않아도 스스로 깨우치고 추상적인 개념의 언어도 이해한다. 수학에 재능이 있는 아동은 또래보다 빨리 계산과 숫자 개념을 습득한다. 음악에 재능이 있는 아동은 음높이에 맞게 노래를 부르고, 피아노나 다른 악기에 흥미를 보이며, 노는 것보다도 음악 듣는 것을 좋아한다. 또한 시각 예술에 재능이 있는 아동은 나이 많은 아동과 비슷한 수준의 작품을 만들며, 신체적 움직임에 재능이 있는 아동은 높은 운동 능력과 순발력을 보인다. 그리고 사회관계나 리더십에 뛰어난 아동들은 사회성이 뛰어나고 또래 아동들이 지각하지 못하는 감정을 설명하고 이해한다.

또한 영재아동들은 영유아기 때부터 뛰어난 암기력을 보이며, 흥미가 있는 것에 높은 집중을 보인다. 영재아동들은 비동시적(dyssynchrony) 발달을 보이는데, 이는 모든 영역이 고르게 발달하는 것이 아니라 영역에 따라 발달 속도가 다르기 때문이다. 예를 들면, 언어에 재능이 뛰어난 3, 4세의 아동은 초등학교 수준의 글을 읽지만 손의 운동 기능이 발달하지 못해 글을 잘 쓰지 못한다. 또는 5, 6세의 아동이 지능이 매우 높아 초등학교 고학년의 뛰어난 인지적 특성을 보일 수 있으나 정서적으로는 그보다 낮은 발달을 보일 수 있다.

영유아기부터 초등학교 저학년까지의 영재아동의 연령대별 특성을 살펴보면 다음과 같다.

(1) 영아기의 특성

학업적 영재의 경우 영유아기부터 높은 주의 집중, 호기심, 높은 기억력 등의 인지적 특성을 나타낸다(Lewis & Louis, 1990; Louis, 1991). 높은 지능을 가진 아동은 쉽게 싫증을 내는 경향이 있고, 말을 빨리 배우기 시작하며, 따로 가르치지 않아도 스스로 어린 나이부터 글을 읽는다. 또한 고등 어휘를 사용하며 질문을 많이 하고 기억력이 뛰어나다. 이러한 영아의 초기 행동 특성은 영재아동으로서의 빠른 행동 발달을 예측하게 해 준다.

(2) 유아기의 특성

영재아동이 유아기에 이르면, 뛰어난 언어 표현 이외에도 사랑과 평화와 같은 추상적 개념과 미래에 대한 시간 개념을 이해한다. 또한 또래 아동보다 덜 자기중심적이고 주위 사람들과 동물의 안녕에도 관심을 갖는다. 이러한 아동들은 과제를 계획하고 수행할 때 몇 살 위의 아동과 유사한 수행 수준을 보이며, 또래 아동보다 장시간 집중을 할 수 있다. 이러한 영재아동들은 인지적, 정서적 발달이 또래보다 몇 년 앞서므로 나이가 비슷한 또래와의 관계에서 어려움을 겪을 수 있다.

(3) 유치원, 초등학교 저학년의 특성

유치원과 초등학교에 입학하면서부터 영재성이 나타나는 영역이 세분화되기 시작하며, 어떤 아이들은 언어 영역에, 또 어떤 아이들은 수학이나 과학에 뛰어난 재능을 보인다.

학령기부터는 공식적인 교육이 시작되는 만큼 아동의 재능에 적합한 교육을 받는 것이 더욱 중요해지며, 따라서 영재성에 대한 조기판별이 필요하다. 아직 아동이 자신의 재능을 가시적으로 드러내기에는 어리고 표현이 미숙하므로 이 시기에는 교사나 부모와 같은 성인의 주의 깊은 관찰과 평가가 중요하며 이에 기반을 둔 판별 과정이 필요하다.

2) 유아부터 초등학교 저학년까지 고려해야 할 교육적 사항들

앞의 미진이 사례와 같이 영재아동을 가진 부모들은 아이들을 유치원이나 학교에 보낼 때 어려움을 겪는다. 그 이유는 영재아동을 위한 특수학교나 학급이 없는 경우가 많기 때문이다. 그러므로 학교나 교사가 다음과 같은 학교 환경을 제공할 수 있는지 확인하는 노력이 필요하다. 영재아동을 위한 적절한 환경의 학교 특징들을 보면 다음과 같다(Smutny, Veenker, & Veenker, 1991).

- 수업 시간에 개방형 질문을 제시하며 개방형 과제를 제공한다.
- 새로운 개념을 소개한다. 교과서 외의 아이디어와 자료들을 사용한다.
- 아동의 참여를 북돋는다.
- 학습 속도의 아동 간 개인 차이를 인정하고 개인적인 학습 방법을 허락한다.
- 모둠 활동에서 시끄러운 것을 허락한다.
- 다양한 학습 환경을 제공한다(예: 학습 센터, 도서관, 박물관 등).
- 아이들의 작품을 게시할 수 있는 아동 중심 게시판을 활용한다.

- 다양한 직업을 가진 성인들, 부모, 조부모, 사회 자원봉사자가 방문하고 도움을 주는 것을 환영한다.
- 또래들이 서로 칭찬하고 상호작용하는 것을 격려한다.
- 창조적 표현, 환상, 상상, 예술, 이야기 등 다양한 활동들을 격려한다.
- 통합교육과정(interdisciplinary curriculum)을 운영한다.

2. 초등학교 고학년부터 중학교까지

'수진'과 '철희'의 사례

수진이는 만 12세다. 초등학교 때 처음으로 영재아동으로 판별된 이래로 학업적인 영재 프로그램에 참가하고 있다. 수진이의 선생님들은 수진이가 모든 과제마다 최고 점수를 받을 뿐 아니라 책임감 있고, 청결하고, 교사의 지시를 잘 따르기 때문에 수진이를 좋아한다. 수진이는 종종 과제를 끝내면 잘 못하는 아이들을 도와준다. 수진이의 부모는 교사이고, 딸이 학교에서 우수하고 모범 학생이라는 사실을 자랑스러워한다. 수진이의 부모는 딸이 유치원에 들어가기도 전에 글을 읽었지만, 그것을 대단스럽게 치켜세우지는 않았다. 또한 수진이도 한글을 이미 깨우쳤지만 선생님이 칭찬하는 것을 좋아했기에 아는 내용을 선생님이 또 가르치는 것을 싫어하지 않았다. 수진이는 지금도 혼자서 하루에 몇 시간씩 공부하며 일주일에 적어도 6권의 책을 읽는다.

철희도 12세다. 철희도 수진이와 마찬가지로 초등학교 때부터 영재 프로그램에 참가하고 있다. 철희의 선생님들은 지금까지 가르친 학생들 중 철희가 가장 똑똑한 아이라고 생각한다. 철희는 문학을 많이 읽지 않는다. 철희는 과학책, 특히 천문학에 관한 책을 좋아한다. 그리고 경주용 자동차광으로, 경주용 자동차에 관한 책을 많이 가지고 있고 아주 옛날 모델부터 최신 모델까지 어떤 자동차 모델이라도 언제 생산되었는지 말할 수 있다. 철희는 과학과 수학에서 최상위의 성적을 나타낸다. 그는 선생님이 가르치기도 전에 미리 배울 내용을 알아차려 선생님이 뭘 해야 할지 모르도록 만들기도 한다. 모든 선생님들은 그가 '진정한 영재'라고 생각한다. 하지만 철희는 고집이 세고 숙제하는 것을 싫어하여 선생님들을 당황스럽게 만들기도 한다.

1) 각 영재 분야에서 나타나는 특징

위 사례의 수진이와 철희처럼 아동들은 점차 학년이 올라갈수록 자신이 재능이 있는 분야에 따라 그 특징들이 달라진다. 또한 이 시기는 중학교로 접어들면서 아동들이 사춘기를 겪고 자아가 강해지는 시기다. 따라서 아동에 따라 수진이처럼 일반 학교에 잘 적응하는 경우도 있고 철희처럼 교사를 당황스럽게 하는 경우도 생긴다. 이 장에서는 먼저 각 분야별로 나타나는 특징들을 〈표 5〉와 같이 살펴보고, 이 시기에 나타날 수 있는 문제점들을 논의하고자 한다.

〈표 5〉 재능 영역에 따른 특징

재능 영역	특 징
과학	1. 취학 전부터 과학에 대한 흥미를 가진다. 2. 사물들을 작동하게 만드는 원리에 대하여 호기심이 많다. 3. 어릴 때부터 추상적인 생각을 잘하고 이러한 개념을 잘 이해한다. 4. 과학적인 일들에서 풍부한 상상력을 가진다. 5. 수집하는 것을 좋아한다. 6. 어려운 장애물이 있어도 끝까지 프로젝트를 마치려는 과제집착력이 강하다. 7. 독해능력이 또래보다 훨씬 뛰어나다. 8. 수학을 또래보다 월등히 잘한다. 9. 과학적 개념을 언어로써 명확히 설명한다. 10. 평균 이상의 높은 지능을 가진다. 11. 생각을 표현할 때 숫자들을 사용해서 표현하려는 경향이 강하다. 12. 과학적 개념을 쉽게 숙달한다. 13. 과학 과제를 하기 위해 다른 스포츠와 게임들을 자발적으로 포기한다. 14. 과학에 관련해 공상하기를 좋아한다. 15. 과학 공상 소설과 영화를 선호한다. 16. 사물이나 현상에 대하여 끊임없는 호기심을 가진다. 17. 증거 없는 비과학적 설명을 받아들이려고 하지 않는다. 18. 기억력이 뛰어나 상세한 것들도 잘 기억한다. 19. 혼자서 오랜 시간 동안 자발적으로 과학 과제를 수행한다. 20. 표면적으로 관련되지 않는 것으로 보이는 정보들을 종합하여 관련성을 찾는다. 21. 다양한 요소들 간의 관계를 쉽게 파악한다.
수학	1. 문제들의 형식적 구조를 쉽게 파악한다. 2. 수학적 상징으로 생각하는 능력과 수 및 공간 개념이 뛰어나다. 3. 수리적인 관계와 함수를 사용하면서 각 문제에 일반화하여 적용한다. 4. 수리적 과정의 단계들을 스스로 단축하고 생략할 수 있다. 5. 문제 해결에서 다양한 전략과 방법들을 유연하게 사용한다. 6. 수학적 문제를 해결하는 데 보다 간단하고 풍부한 방법을 쉽게 알아낸다. (참조: 이것은 수학적 재능을 과학적 재능과 구분하는 주요 지표다.) 7. 수학 문제를 해결하는 과정에서 문제들을 재구조화하고 절차를 바꾼다. 8. 수학적인 문제, 방법들, 정보에서 주요한 요소들을 잘 기억한다. 9. 논리적이다.
언어	1. 책, 소설, 시 등 문학 작품에 대한 많은 독서량을 가진다. 2. 형용사와 부사를 창의적으로 사용한다. 3. 감정을 섬세하게 묘사한다.

언어	4. 언어에서 타고난 청각을 가졌다. 5. 유머 감각이 뛰어나다. 6. 언어적 유희를 즐긴다. 7. 끝자리 잇기, 속담 맞추기 등 단어들을 가지고 노는 것을 좋아한다. 8. 정확한 언어 묘사를 한다. 9. 장문에서 중요한 내용이 무엇인지를 쉽게 파악하며 상세한 부분도 잘 기억한다. 10. 이야기와 시들을 작문하는 것을 즐긴다. 11. 읽는 속도가 빠르다.
시각 예술	1. 시각 예술에 대한 깊은 흥미를 가지고 있다. 2. 시각 예술에 대한 재능을 조기에 보인다. 3. 예술 과제에 대한 집중력이 뛰어나다. 4. 자신의 방식대로 스스로 과제를 수행하려는 경향이 있다. 5. 예술에서 감정적 편안함을 찾는다. 6. 사고의 유창성이 뛰어나 아이디어가 많다. 7. 예술을 통한 의사소통을 좋아한다. 8. 사실적인 표현을 잘한다. 9. 상세한 표현을 한다. 10. 시각적이고 운동 감각적인 기억력이 좋다. 11. 다양한 종류의 시각 매체 사용을 좋아한다. 12. 도형들을 가지고 즉흥적으로 여러 가지 패턴이나 모양을 만든다.
음악	1. 음악과 리듬이 나오면 자발적으로 춤을 추고 노래하는 등 음악을 즐긴다. 2. 노래하는 것을 좋아한다. 3. 절대음감을 가지며 음조와 음색으로 감정을 표현한다. 4. 청각이 잘 발달되어 있다. 5. 들은 멜로디를 음표를 사용하여 악보로 표현한다. 6. 음악에 대한 기억력이 뛰어나다. 7. 음악으로서 감정 표현을 한다. 8. 화음을 고르는 능력이 뛰어나다. 9. 음악의 아름다움을 평가할 수 있다. 10. 노래와 음악을 들으면 서로 대구가 되는 부분들을 잘 구별한다. 11. 악기를 연주하고 음악 수업 받는 것을 원한다. 12. 음악에 뛰어난 집중력을 보인다.

2) 초등학교 고학년부터 중학교에서 고려할 교육적 사항들

(1) 성차

초등학교 때부터 여자 아동과 남자 아동의 성별 차이는 명확하게 나타나고, 성역할에 대한 사회화도 급속히 일어난다. 통념상 여자 아동은 음악과 문학에 재능이 있고, 남자 아동은 과학이나 수학에서 뛰어나다는 것이 사회적 고정관념이다. 따라서 여학생이 과학이나 수학을 잘하거나, 남학생이 음악이나 문학에서 뛰어나면 이에 대하여 자신감을 가지지 못하고 숨기려는 경향도 나타난다. 이렇게 아동들은 일찍부터 성역할에 동화되며 이는 Eccles와 동료들(1985; Eccles, 2007)의 성의 사회화 연구에서도 나타났다. 남학생들은 미술, 음악보다 수학과 과학, 야구, 축구와 같은 스포츠에 더 익숙하여 남성에게 어울리는 분야라는 인식을 가지게 되고 여학생은 언어 영역과 미술, 음악 등에 더 사회화된다. 이러한 성역할에 대한 사회화는 교사와 부모와의 상호작용에서 발생하여 각 아동이 자신의 성역할에 맞는 분야에서 재능을 보일 때 교사와 부모들은 그러한 재능을 더 지지하는 것으로 나타났다.

따라서 자신의 성역할과 다른 분야에 재능을 가진 경우 학생이 그러한 재능을 숨기거나 또는 적절한 교육적 지지를 받지 못할 수 있다. 그러므로 성역할에서 벗어나 학생들이 자신의 재능을 발현할 수 있는 학교 및 가정의 교육적 지지가 있어야 한다.

(2) 도전적인 교육과정 제공

중학생 시기에 학업적 영재아들이 직면하는 가장 큰 문제는 도전적인 교육과정이 제공되지 않는다는 것이다. 이 시기의 영재아동들은 높은 사고 수준과 추상적인 사고를 필요로 하는 과제를 요하지만 대부분의 중학교 교과과정은 매우 구체적이고 상대적으로 낮은 수준의 사고를 요구한다. 따라서 영재아동들은 학교생활에 관심이 없어지고 학업 자체에도 흥미를 잃을 수 있다. 이에 대하여 Tomlinson(1994)이 중학교 교육과정에 대하여 제안한 내용은 다음과 같다.

- 뛰어난 학업적 재능을 가지고 있는 학습자들이 있다는 것, 그리고 이러한 영재아동들은 인지적으로나 감정적으로 다르다는 것을 인정하고 이를 지지하는 학습 분위기가 제공되어야 한다.
- 학업적 영재아동들의 학습에 대한 필요와 욕구를 충족할 수 있는 개별적 학습과정을 제공해야 한다.
- 능력별 그룹을 수업에 활용하는 것을 고려해야 한다. 영재아동들은 자신의 지적 능력과 동일한 학생들과 있을 때 학업적으로 더 자극을 받을 수 있다.
- 영재아동들을 가르칠 수 있는 영재 교사들이 학교 내에 있어야 한다.

- 모든 학생들에게 좀 더 높은 수준의 사고를 할 수 있도록 다양한 학습 전략들을 활용해야 한다.
- 영재학생들이 보다 높은 수준의 교육과정을 배울 수 있도록 고등학교 및 대학교에서 제공하는 프로그램에 참여할 수 있는 기회가 있어야 한다.

3. 고등학교부터 대학교까지

'Jane'의 사례: 국외 사례

Jane은 초등학교 3학년을 월반하였고 또래보다 한 살이 어린데도 불구하고 중학교 1학년에 들어와 처음 치러진 학업 능력 검사나 개인 지능검사에서 모든 영역의 상위 1%에 들었다. Jane은 중학교 1학년 과정이 시루하여 중학교 2학년으로 월반하기를 원했고 학교도 이를 허락하여 12세에 중학교 2학년이 되었다.

중학교 3학년 때 Jane은 한 대학교에서 운영하는 영재 프로그램에 응시하여 검사를 받았고 그 결과 Jane의 점수는 고등학교 고학년의 평균에 해당하는 것으로 나타났다. 그 대학은 Jane에게 수학 영재들을 위한 3주 프로그램에 참가하라는 초대를 하였고 Jane은 거기서 고등학교 2학년생과 동일한 성취를 보였다. Jane은 고등학교에 진학하자 대학 수준의 과목을 충분히 수강할 정도의 능력을 보였고, Jane의 상담 선생님은 그녀를 위해 조기졸업을 위한 절차를 시도하였다. 그러나 교육행정상 Jane이 역사와 체육 과목을 듣지 않아서 고등학교를 졸업할 수 없다고 했다. Jane과 그녀의 부모는 재판을 하여 승소하였고 고등학교를 조기 졸업 후 대학에 들어갔다. Jane은 대학에서 수학을 전공하고 지속적으로 좋은 성적을 받았다. Jane은 20세가 되던 해에 대학 졸업반이 되었고 지도교수는 Jane이 공부를 더 해서 박사학위를 받기를 원했다. 그러나 Jane은 자신이 박사학위를 받아서 연구자가 될 만큼 재능이 없다고 생각했다. Jane은 고등학교 때는 선생님들이 그녀에게 좋은 대학과 그녀가 흥미 있어 하는 전공이 무엇인지 가르쳐 주었으나 대학에서는 Jane에게 진로에 대하여 흥미를 일깨워 준 사람이 없었다. 그녀는 자신이 성공적인 연구자가 될 수 있다는 것에 자신이 없었다.

1) 각 영재 분야에서 나타나는 특징

Jane의 사례에서 보듯이 이 시기에는 보다 구체적이고 집중적인 진로 계획이 필요하다. 이 시기에는 영재아동들의 재능 분야가 더욱 세세하게 분화되며 재능의 가시적 발현이 보다 뚜렷해진다. 따라서 청소년이 재능을 보이는 분야에서의 전문가 등과 같은 멘터가 그 재능 분야에 대한 조언과 정서적 지지를 제공해 주는 것이 필요하다. 이 시기에 각 분야별로 나타나는 특징들은 〈표 6〉과 같다.

〈표 6〉 재능 영역에 따른 특징

재능 영역	특 징
과학	1. 사춘기 시절부터 과학 분야에 강한 흥미와 몰입을 보인다. 2. 거의 모든 과목에서 우수한 성적을 보이는 경우가 많다. 3. 과학에 대한 잡지 구독을 하며 자신만의 실험들을 시도한다. 4. 과학에 관한 다양한 과외 활동을 하며 그러한 활동에서 리더 역할을 수행한다. 5. 학생의 재능에 대한 과학교사의 기대가 높고 이런 기대에 부응하려고 노력한다. 6. 교육과정이 다루지 않는 분야에 대한 과학적 흥미를 보이고, 이러한 흥미가 미래의 진로를 결정하는 결정적 요인으로 작용한다.
수학	1. 중학교까지는 수학과 과학에 거의 동일한 흥미와 재능을 보이는 경우가 많다가 고등학교 시절부터 과학보다 수학에 초점을 맞추기 시작한다. 2. 과학 중 생물보다 물리에 더 많은 관심을 보인다. 3. 독립 학습을 선호한다. 4. 수학적 개념을 다양하게 적용하는 능력이 있다. 5. 실제 생활에서 부딪히는 문제에 수학을 적용하여 문제를 해결한다. 6. 수학적 논리를 알고 있어야 풀 수 있는 어려운 문제와 퍼즐 푸는 것을 선호한다.
언어	1. 과학이나 수학처럼 어렸을 때부터의 뚜렷한 재능 발달의 경로를 보이지 않는다(참조: 언어 재능은 영재의 특정 영역 중 하나이나 동시에 모든 재능 분야에서 그들의 재능을 표현하는 데 필요한 중요한 요소이기도 하다.). 2. 문학, 역사, 철학, 인류학 등의 공부를 통해 언어적 능력이 가시화된다. 3. 자신과 비슷한 흥미와 재능을 가진 학생들과 지내기를 선호한다.
시각 예술	1. 예술에 대한 열정을 가진다. 2. 어렸을 때부터 시각 예술에 재능이 있었더라도 실제로 재능이 있다고 진지하게 인식되는 때는 고등학교 또는 대학교부터다. 3. 고교 때부터 전문 교사에게 교습을 받거나 미술 대학에서 강의 듣는 것을 좋아한다.
음악	1. 연주 기법들이 신체적으로 암기되어 자동화되며, 강도 높은 연습이 시작된다. 2. 음악에 헌신하는 결정 경험을 한다. 3. 고교와 대학시절에는 그들의 음악 재능 분야가 특정 분야로 세부화되고 좁혀진다. 4. 모든 관심과 노력이 음악 분야로 집중된다.
리더십	1. 청소년기에는 리더십이 보다 가시적으로 나타나기 시작한다. 2. 도전을 좋아하고, 창조적으로 문제를 해결하려는 성향이 강하고, 끈기, 감수성, 자부심이 높다. 3. 모둠 활동을 좋아하며 리더가 되어 질 높은 결과물을 산출한다.

2) 고등학교 및 대학교에서 고려할 점들

(1) 진로에 대한 결정

이 시기는 청소년들의 재능이 점차 세분화되어 자신이 향후 어떠한 직업과 진로를 택할지에 대하여 진지하게 고민하는 중요한 시기다. 이 시기에는 만약 생물 분야에 재능이 있다면, 이 중에서도 식물학 혹은 유전학에 뚜렷한 관심을 보이는 등 관심과 재능이 더 세분화된다. 또한 예술 분야에 재능이 있는 경우는 그 분야에 헌신하게 만드는 결정 경험(crystallizing experience)을 갖는 경우가 많다. 이러한 결정 경험은 멘터를 통해서 혹은 어떤 작품을 통해서 이루어지며, 결정 경험을 통해 해당 분야를 자신의 진로로 택하게 된다.

청소년의 진로 결정과 상담을 위해서는 가장 먼저 그들이 가진 흥미 분야를 주의 깊게 살펴보아야 하며 이를 위해서는 학과 성적뿐 아니라 그들이 즐기는 취미나 과외 활동들을 고려해야 한다.

또한 하나의 영역뿐 아니라 다방면에 걸친 재능과 흥미를 보이는 경우가 많으므로, 너무 성급한 진로 결정은 향후 청소년에게 부정적인 영향을 줄 수 있다. 따라서 청소년이 학업성취뿐 아니라 그들의 흥미를 깨달을 수 있는 기회들을 제공하는 것이 필요하다.

(2) 저성취(underachievement)

저성취는 자신의 실제 능력보다 현저히 낮은 수행을 보이는 것을 의미한다. 즉, 지능, 창의성 점수 등에서는 높은 점수를 나타내지만 실제 수행은 이에 비하여 매우 낮은 경우로 고등학교에서 더욱 심각한 문제일 수 있다. 저성취 영재의 특성을 보면, 자신의 학업능력을 낮게 지각하고, 학교, 교사 및 교실 활동에 대해 부정적인 태도를 보이며, 낮은 동기와 낮은 자기 조절 능력을 가지고 있고, 낮은 목표를 설정하며 완벽주의적 성향을 보인다(Bruns, 1992; Diaz, 1998; Dowdall & Colangelo, 1982; Ford, 1996; Reis & McCouch, 2000; Rimm, 2006; Supplee, 1990; Whitmore, 1980).

저성취는 초등학교 때부터 나타날 수 있으나, 자신의 잠재력과 실제 수행과의 차이는 학년이 올라갈수록 더욱 커져서 고등학교 때는 보다 심각한 문제로 나타난다. 특히 고등학교 때는 완벽주의적 성향이 저성취의 중요한 원인이 될 수 있다. 고등학교에서 요구하는 과제의 양은 많은데 지나친 완벽주의는 주어진 기한 내에 이루어지는 과제나 시험에서 실패를 가져온다. 또한 계속되는 실패는 실패에 대한 두려움을 갖게 하며 이후 과제에 대한 도전과 시험을 회피하려는 성향을 가지게 한다.

이 외에도 교육과정에서 영재아동의 잠재력보다 낮은 과제와 학업을 제공하는 것은 아동이 학업에 대한 흥미를 잃고 이를 회피하도록 함으로써 궁극적으로 저성취로 연결될 수 있다. 초등학교에서는 요구되는 학업 수준이 상대적으로 낮기 때문에 영재아동들의 경우 아주 적은 노력으로도 일반아동 수준의 수행을 보이므로 영재아동의 저성취는 쉽게 드러나지 않을 수 있다. 그러나 고등학생이 되면 과제가 복잡하고 어려워지므로 노력을 기울이지 않으면 뛰어난 영재학생이라도 학업에 실패하게 되며, 이 시기에는 학업에 대한 부정적 태도로 저성취를 극복하기가 더욱 어려워진다. 저성취라고 진단되면 전문가와 상담 교사 등을 통하여 청소년의 잠재력과 실제 성취 간의 정확한 차이를 확인하여야 한다. 이러한 진단에 따라 잠재력과 실제 성취 간의 차이를 좁혀 나갈 수 있는 적절한 교육을 제공하고, 충분히 도전적이고 흥미로운 과제들에 참여시킴으로써 학업 및 재능 분야에 대한 관여를 증가시켜야 한다.

4 영재아동에 적합한 교육과정의 특징

지금까지 영재의 정의 및 특성, 이에 따른 판별을 살펴보았다. 그렇다면 영재아동의 재능 발달을 위한 프로그램은 무엇일까? 만약 당신의 자녀가 영재아동이라면 어떤 교육을 받길 원하는가? 또는 당신의 학생이 영재아동이라면 어떠한 교과과정을 제공하도록 노력하여야 하는가? 이러한 질문에 대한 답을 위하여 이 장에서는 영재아동을 위한 다양한 교육적 프로그램을 소개하고자 한다. 영재성 계발을 위한 교육적 선택은 매우 다양하게 적용될 수 있으며, 아동의 인지적, 정서적 발달 특징에 따라 가장 적합한 교육적 선택을 할 수 있도록 각 선택의 장단점을 이해할 필요가 있다.

우선 영재아동들을 위한 교육과정이 어떻게 이루어져 있는지를 확인하는 것이 중요하다고 할 수 있다. 교과과정은 학생들에게 '무엇을' 가르칠 것인지를 의미하는 학습의 내용(content), 그러한 교과과정을 실제로 '어떻게' 가르치는지에 대한 학습과정(process), 그리고 학생들이 학습 내용과 학습과정을 배웠다는 결과 지표가 되는 산출물(products)로 이루어져 있다(Maker, 1983). 따라서 영재성 발달을 위한 교육 방법은 이러한 학습 내용, 학습과정, 산출물을 영재아동에게 맞게 수정하는 과정을 포함해야 할 필요가 있으며, 이러한 수정의 과정과 정도에 따라 교육적 선택의 종류가 결정된다.

1. 교과 내용

교육과정의 세 주요 요소는 교과 내용, 학습과정, 산출물로 볼 수 있다(Maker, 1983). 우선 교과 내용은 교과과정 안에서 가르치는 내용으로 이는 특정 과목, 주제, 단원 그리고 이러한 내용을 구성하는 개념, 원리 등이며, 영재아동을 위한 교과 내용은 보다 추상적이고 복잡하며 다양한 내용을 포함하면서 학생이 자기주도적으로 진행하도록 구성되어야 한다. 영재아동을 위한 교과 내용과 특징은 〈표 7〉에 나타나 있으며 이는 Davis & Rimm(2004), Feldhusen(1986), Feldhusen, Hanson, & Kennedy(1989), Ganapole(1989), Kaplan(1974), Smith(1990)의 연구들을 요약한 내용이다.

〈표 7〉 영재아동을 위한 교과 내용 특징

교과 내용	특 징
추상성	일반 교과의 구체적이고 표면적인 내용을 넘어서 학습 내용에 내재하는 추상적이고 상징적인 의미를 강조
복잡성	일반 교과과정보다 난이도가 높고 복잡하며 자세한 내용을 제공
다양성	다양한 학습 내용과 아이디어들을 여러 교과의 통합교육과정을 통하여 제공. 다양한 직업, 예술, 경험 등에 노출
개방성	정답이 정해져 있는 과제들보다 개방형 과제를 제공
창의성	창의적인 생각을 기르고 이를 표현하는 학습 내용 제공
고차원의 사고 기능	비판적 사고력, 문제 해결력, 의사결정을 기르는 학습 내용 제공
선택적 학습 내용	학생의 재능 분야와 흥미에 따라 학생이 선택하는 내용을 학습할 수 있는 기회 제공
실제 생활에 대한 질문과 적용	학습 내용을 실제 생활과 자신의 재능 분야에 적용하는 방법과 이를 위해 무엇이 필요한지를 탐구
리더십	학습한 내용을 자신의 재능 분야와 사람들에게 적용시키며, 리더십을 기르는 교육 제공. 자신의 재능을 사회에 연결하고 환원하는 교육
의사소통 기술	자신의 생각을 효과적으로 표현하며 타인의 생각을 이해하는 법에 대한 교육

2. 학습과정

학습과정은 교과 내용을 어떻게 가르치는지에 대한 전략이라고 볼 수 있다. 영재아동의 경우 상위의 사고 기능을 자극하고, 스스로 과제를 선택하게 하며, 동기를 유발하여 높은 성취를 이루도록 하는 학습과정이 제공되어야 한다. 이러한 학습과정은 좁은 의미로 교과 내용을 실제적으로 가르치고 전달하는 교수 전략(instructional delivery)으로 설명할 수 있다.

〈표 8〉은 영재아동을 위한 교수 전략의 종류와 특징으로 Renzulli(1975), Maker(1983), Davis와 Rimm(2004) 등의 연구를 토대로 하였다. 영재아동의 교육 시 이러한 다양한 교수 전략을 사용하는 것이 바람직하다.

〈표 8〉 영재아동을 위한 교수 전략의 종류와 특징

교수 전략의 종류	내 용
학습 속도의 가속화	지적, 학업적 영재아동의 경우 학습 속도가 빠르므로 여기에 맞도록 교수 및 학습 속도를 가속화(속진, 교과목 압축)
목표 설정 및 개인 학습 계약	자신의 개인 목표를 설정하고 이를 달성하기 위한 시간 계획, 자원 계획들을 포함하도록 함. 또한 교사와 같이 개별적 학습 계약(learning contract)을 만들어 목표와 진행할 일들을 같이 논의함
융통성 있는 과제 및 기일	영재학생들은 교사가 내준 과제를 자신의 생각에 맞게 수정하여 창의적 산출물을 내려는 경향이 있어 이러한 요구를 반영하는 과제가 효과적임. 이를 위한 유연한 과제 마감일을 적용하는 것도 필요함
발견법적 학습	자신이 스스로 질문을 가지고 여러 시도를 함으로써 문제 해결을 하도록 함
경쟁	영재아동의 경우 자신의 능력을 시험하기 위한 학교 밖 경연 대회 등에 참여하는 것이 유익함
모둠 프로젝트	모둠으로 프로젝트나 과제를 수행하여 공동작업의 중요성과 산출물의 가치를 알게 함
독립 학습 및 개별 프로젝트	자신이 선택, 혹은 주어진 주제에 대하여 독립적으로 학습하거나 연구하여 자신이 학습한 내용을 산출물로 증명하는 기회를 제공함
토론	학습한 내용에 대하여 언어적으로 표현하고 반성(reflection)하는 기회를 제공함. 학습 내용을 개념화하고 결과를 일반화하는 질문이 보다 적합함
멘터십, 일대일 교습	학생이 재능을 보이는 분야의 전문가들에게 일대일로 배울 수 있는 기회를 제공함으로써 일반 학교에서 배울 수 없는 높은 난이도의 학습 내용을 습득하게 함. 또한 멘터의 전문 분야에 대한 철학 및 삶을 배울 수 있는 기회가 됨
또래 학습	다른 학생과 짝지어서 영재학생이 다른 학생의 학습을 돕게 함

시뮬레이션	배운 내용을 새로운 문제나 가상의 상황에 적용하여 수행하여 보도록 함(예: 모의재판 등)
게임	배운 지식을 점검하거나 새로운 지식에 대해 아는 정도를 알아보기 위한 목적으로 게임을 수행함
다양한 표현	자신의 생각과 느낌, 이해한 내용을 다양한 방법으로 표현할 기회를 제공함

3. 산출물

산출물은 학생들이 배운 지식과 기술을 증명하는 실제적 결과물로 이러한 결과물은 교사나 학교가 가진 기준에 따라서 평가된다. 전통적인 산출물은 시험 성적인 반면, 영재아동을 위한 수행과 성취 평가는 학습 내용과 과정이 다양한 만큼 요구되는 산출물의 형태도 다양해야 한다. 〈표 9〉는 이러한 산출물의 특성을 제시하고 있다(Davis & Rimm, 2004; Renzulli, Leppien, & Hays, 2002; Renzulli & Reis, 1997).

〈표 9〉 영재아동을 위한 산출물

산출물의 특성	내 용
다양성	전통적인 시험 성적이라는 산출물 이외에 시각 예술적, 음악적 혹은 다양한 종류의 창의적인 산출물을 나타낼 수 있도록 격려함
참된 청중 (real audience)	자신의 작품을 실제 청중들에게 보여 주는 기회를 제공하며, 산출물을 그 분야의 전문가에게 평가받을 수 있도록 함
실제 문제와 상황	자신의 삶과 관련이 있는 문제와 상황에 학습 내용을 적용하여 결과물을 만들 수 있도록 함
추상적/정서적 산출물	구체적인 형태의 산출물뿐 아니라 리더십, 긍정적 정서, 높은 동기, 자기존중감, 공감 등의 결과들을 격려함

모든 영재아동들은 각기 다른 지적 수준, 학습적 강점, 흥미 등을 가지고 있어 각 아동에게 개별화된 교과과정을 제공하는 것이 중요하다. 따라서 각 아동의 특성에 따라 이러한 교과과정, 즉 학습 내용, 교수 방법, 산출물 등이 다양하게 적용되어야 할 것이다.

5 영재아동을 위한 구체적인 교육적 선택

영재아동을 위한 다양한 교육적 선택들은 크게 속진(acceleration)과 심화(enrichment)로 나누어 볼 수 있다. 속진은 일반적인 정규 교과 내용을 정해진 나이보다 일찍 배움으로써 자신의 나이보다 상위 학년으로 배정받거나 혹은 학점을 먼저 이수하여, 초등 6년, 중고등 6년, 대학 4년의 과정을 보다 빠르게 마치는 것이다. 반면, 심화는 상급 학년으로 진학하거나 학점 이수를 받지 않고 또래와 같은 학년에 머물면서, 일반적인 교육과정이 제공하는 것보다 더 깊고 광범위한 학습 내용을 제공받아 보다 높은 수준의 복잡하고 풍부한 교육적 경험을 하는 것이다.

그러나 속진과 심화는 반대되는 개념이 아니며, 효과적인 영재 프로그램을 위해서는 속진과 심화를 적절히 모두 제공하는 것이 필요하다. 즉, 다양하고 깊이 있는 학습 내용과 상위의 사고기술, 창의성, 사회 정서적 역량들을 발달시킬 수 있는 심화학습과정을 제공하는 동시에 영재아동의 빠른 학습 속도에 맞는 속진의 기회도 제공해야 한다. 이러한 속진과 심화과정 모두 영재아동을 위한 교과과정(학습 내용, 학습과정, 산출물)의 특성을 반영한다.

또한 아동의 교육적 요구를 만족시키기 위한 속진과 심화학습을 제공하는 것 외에도 영재아동들이 가진 사회적 욕구, 즉 동일한 수준의 지적 능력과 재능을 가진 아동들과의 상호작용에 대한 욕구를 만족시킬 수 있는 교육 환경이 주어져야 한다. 따라서 이러한 교육적 요구를 충족할 수 있는 집단 편성을 제공하는 것도 영재교육에서 중요한 쟁점이라고 볼 수 있다. 이 장에서는 속진, 심화, 집단 편성의 다양한 교육적 선택의 종류를 소개하고, 각 종류에 적합한 아동의 특성을 설명하고자 한다.

각 사례를 읽고 이들에게 적용된 교육적 선택이 무엇이었는지 생각해 보자. 각 사례에서 적용된 교육적 선택의 정답은 이 장 마지막에 제시되어 있다.

'준형'의 사례

배우는 속도가 뛰어난 준형이를 부모는 대안적인 프로그램을 제공하는 초등학교에 입학시켰다. 준형이가 다니는 초등학교에서는 학년의 특별한 제한 없이 학생들이 자신의 학습 속도나 난이도에 맞춰 학습할 수 있었다. 따라서 각 과목마다 다양한 나이의 학생들이 같이 수업을 들었다. 중학교 때는 한 학년을 빠르게 진학하여 한 살 더 많은 학생들과 같은 반에서 배웠다. 또한 한 대학에서 개최하는 과학 경진대회에서 상위 1%의 성취를 보임으로서 그 대학이 제공하는 영재 프로그램에 참여하였다. 고등학교에 입학한 후 준형은 수학, 과학, 사회에서 '영재반'에 배정받았고, 고등학교 3학년이 된 해에는 인근 대학에서 미적분학을 수강했다.

'Sunny'의 사례: 국외 사례

Sunny의 부모님은 Sunny가 5세 때 IQ가 160이란 것을 알았고 2학년 수준의 읽기 능력이 있음을 발견하여 6세에 초등학교에 입학시켰다. 1학년부터 5학년까지 Sunny는 자신과 비슷한 학생들과 함께 방과 후와 토요일에 운영하는 특별반에서, 학교 정규 수업이 다루지 못하는 국어와 수학과 관련한 깊이 있는 내용을 배웠다. 중학교 1학년이 되었을 때 고등학생들이 보는 모의수학 능력 시험을 치른 결과 상위 10%의 높은 점수를 받았다. 이에 따라 Sunny는 고등학교에 입학한 해에 인근 대학에서 운영하는 1년 동안의 특별 수학 프로그램에 참가하였다. 이것은 고등학교 2학년 과정에 해당하는 내용으로 이를 이수함으로써 고등학교 이수과목을 단축할 수 있었다. 고등학생 때는 자신의 학업 속도에 따라 학습하는 것이 허락되어, 3년 과정의 영어 과목을 1년 동안에 모두 마쳤다. 고등학교 3학년이 되었을 때는 고등학교와 인근 대학에서 제공하는 영문학과 미적분학의 대학 학점 이수 과정을 수강했으며, 이수 과정 시험에서 모든 과목을 통과하여 각 과목에서 6학점씩의 대학 학점을 인정받았다. Sunny가 대학에 입학했을 때, 고등학교 때 이수한 학점들을 인정받아 해당과목들을 면제받았고 Sunny는 그 시간 동안 보다 높은 수준의 다른 과목들을 공부할 수 있었다.

'진서'의 사례

진서는 뛰어난 지적 능력을 가진 중학생이다. 진서의 선생님은 각각 아동의 학습 속도와 흥미에 따라 개별적인 학습 계획을 세우고 이에 따라 가르쳤다. 그래서 진서는 특별한 영재 프로그램에 등록하지 않았지만 매일 자신의 개별 진도와 교육과정에 따라 공부할 수 있었다. 또한 학기마다 진서는 학교의 모든 다른 학생들처럼 독서와 과학, 사회에서 심도 깊은 내용을 가르치는 학습과정에 참가하였다. 예를 들면, '우리가 사는 세상의 직업'에 대한 활동에서 학생들은 '실제 세상'을 경험할 수 있도록 여러 직업 전문가들의 직업 소개를 듣고 관심 있는 분야에 대하여 사업체를 방문하여 경험하는 활동을 하였다. 이런 경우 아이들은 능력별로 집단이 편성되지 않고 다양한 아이들로 구성되었다. 어떤 교재도 강의에 사용되지 않았으며 과제는 모두 팀별 과제로 팀원들이 협동적으로 수행하여 제출하였고 또한 누구에게도 독립적인 과제가 요구되지 않았다. 이러한 팀별 과제는 문제해결 전략과 연구 기술(research skill)을 발달시키는 데 초점을 맞추었다. 또한 진서는 물리학에 뛰어난 능력을 가졌지만 그의 수준에 맞는 교과과정을 가르쳐 줄 교사가 없어, 인근의 한 과학 연구소의 박사가 진서와 정기적으로 만나 물리학을 가르치며 진서의 학구열과 동기를 만족시켜 주고 있다.

'형진'의 사례

형진이는 6세 때 이미 국어와 수학에서 초등학교 3학년 수준의 능력을 보였고 추상적 사고능력도 뛰어났지만, 나이에 비하여 체격도 작고 정서적으로도 나이 많은 아이들과 지내는 것이 적합하지 않아 일반 아이들과 마찬가지로 8살에 학교에 입학했다. 초등학교 때 담임교사는 아이들의 학습 속도에 따라 아이들을 보둠으로 하여 국어와 수학을 가르쳤는데, 여기서 형진이는 자신과 비슷한 학습 속도의 학생들과 따로 국어와 수학에서 깊이 있는 내용을 배웠다. 형진이는 3학년부터 5학년까지 정규반에서 따로 이동하여 같은 학습 속도를 보이는 다른 학생들과 함께 과학과 수학을 배웠다. 중학교를 다닐 때 수학, 과학, 영어에서 뛰어난 학생을 위한 특별반에서 수업을 받아 3년 과정을 2년 안에 마쳤다. 하지만 이외의 과목은 일반 반에서 다양한 능력 수준과 학습 속도를 가진 여러 학생들과 같이 수업을 들었다. 형진이는 중학교를 졸업 후 과학고등학교로 진학하였고, 고등학교 2학년을 마치고 대학교에 입학하였다.

1. 속 진

속진은 학습 속도가 매우 빠른 학생들이 일반적인 정규 교과 내용을 정상적인 나이보다 더 이른 시기에 또는 규정된 기간보다 더 짧은 기간에 이수하도록 하는 것으로, 학생들이 자신의 속도에 맞게 융통성 있는 학습을 할 수 있도록 돕는다(조석희 외, 1994; Davis & Rimm, 2004; Pressey, 1949; Southern et al., 1993). 속진의 유형은 매우 다양하나 크게 교과기반 속진(Subject-based acceleration)과 학년기반 속진(Grade-based acceleration)으로 분류할 수 있다.

1) 교과기반 속진

교과기반 속진(subject-based acceleration)은 특정 과목에서 뛰어난 재능과 빠른 학습 속도를 보이는 경우 특정 과목에 한하여 그들의 학습 속도에 해당하는 상급의 교육과정을 배우도록 하는 것(Rogers, 2002)이다. 그 대표적인 유형을 다시 구분하면 다음과 같다.

(1) 교육과정 압축

교육과정 압축(compacting the curriculum)은 학기 시작 전 혹 학습 단원이 시작하기 전 학업성취를 평가하여 뛰어난 수행을 보이는 영재아동들이 이미 알고 있는 학습 내용을 불필요하게 반복하지 않도록 이미 학습한 내용을 제거, 압축하여 교육과정을 수정하는 것을 의미한다(Reis, Burns, & Renzulli, 1992).

(2) 특정 과목 속진

특정 과목 속진(single subject acceleration)은 부분 속진이라고도 하며, 영재아동이 특정 분야에서 뛰어날 때 그 해당 과목의 상급 학년 내용을 학습하도록 하는 유형을 말한다.

(3) 동시 재학

동시 재학(concurrent enrollment, dual enrollment)은 아동이 뛰어난 재능을 보이는 영역에 대하여 현재의 학교급보다 상위 학교급의 과목을 동시에 수강, 이수하도록 하는 것이다. 예를 들면, 수학에 영재성이 있는 중학생이 수학은 고등학교에서 수강하고, 나머지 과목은 본인이 속한 중학교에서 수강하는 방법이다.

(4) 재능 발굴 프로그램

재능 발굴 프로그램(talent search program)은 세부적인 과목에서 뛰어난 학생들을 경연 대회 혹은 전국 단위 시험을 통하여 발굴하는데, 일반적으로 같은 또래와 비교하여 그 수행이 상위 1% 내에 포함되는 경우가 그 대상이 된다. 선발된 학생들은 정규 학교 시간 외에 저녁시간, 여름 방학, 주말 또는 온라인을 이용하여 고등학교와 대학 등의 상위 교육과정을 부분적으로 수강하며 자신의 재능에 상응하는 교육을 받는다.

(5) 통신, 원격(온라인) 프로그램

통신, 원격(온라인) 프로그램(correspondence courses, distance learning)은 특정 과목에 재능이 있는 아동이 정규 학년의 교육과정 대신에, 대학이나 다른 교육단체가 제공하는 프로그램을 수강하는 것이다. 이러한 교육은 통신이나 우편, 온라인 또는 대중 매체들을 이용하여 이루어지며 이수 시에 해당하는 학점을 인정받는다.

(6) 대학 과정 학점 이수

대학 과정 학점 이수(advanced placement) 프로그램은 대학 수준의 과목을 고등학생에게 제공하여 학생이 이 과목을 수강한 후 시험결과에 따라 대학 학점으로 인정받는 제도다.

(7) 멘터십 제도

멘터십(mentorship) 제도는 아동이 뛰어난 재능 분야에 대하여 해당 학교 내에서 제공할 적합한 교육과정이 없는 경우, 학생의 뛰어난 재능과 흥미를 지속적으로 추구할 수 있도록 그 분야의 전문가가 학생의 학습을 관찰하고 도와주는 도제식 제도다.

(8) 대학 및 고교 학점 동시 이수

대학 및 고교 학점 동시 이수(post-secondary options)는 앞서 설명한 동시 재학(concurrent, dual enrollment)의 변형으로, 특

정 학업 영역에서 고등학교가 제공하는 모든 교과과정을 마쳐서 더 이상 이수할 내용이 없을 때, 지역에 있는 대학에서 해당 고급 과목을 수강하면서 고등학교와 대학 학점을 모두 이수하는 제도다.

2) 학년기반 속진

교과기반 속진은 특정 과목에 한하여 자신의 원래 학년보다 빨리 정규과정을 마치는 교육적 선택인 반면, 학년기반 속진(grade-based acceleration)은 영재아동이 일반적으로 12년에 마치는 학년제를 이보다 짧은 시기 안에 마치는 것을 의미한다. 이 책에서는 12년 교과과정을 정해진 기간 안에 마치되, 초등학교 입학 자체를 어린 나이에 시작하는 조기입학도 학년기반 속진에 포함하였다. 특히, 정규 12년을 3년 이상 단축하여 9년 이내에 마치는 것을 급진적 속진(radical acceleration)이라 부른다. 학년기반 속진의 세부적인 유형을 살펴보면 다음과 같다.

(1) 초등학교로의 조기입학

조기입학은 영재아동이 정규 나이보다 어린 나이에 초등학교에 입학하는 것이다. 따라서 별도로 영재아동을 위한 교육과정 수정이 필요 없다는 점에서 장점이 있고, 또한 아동이 처음부터 또래보다 나이 많은 아동과 생활을 시작하므로, 중간에 월반을 하는 것보다 사회적 적응이 용이할 수 있다. 조기입학을 결정할 때는 반드시 6개월가량의 시험 기간을 가지고 학생이 잘 적응하는지를 판단하여야 하며, 부적응 시에는 일반 정규 나이에 맞는 학년으로 재배치될 수 있도록 행정적 보완 장치가 있어야 한다.

(2) 월반

월반(grade skipping)은 12년 교육과정 중 한 학년을 완전히 뛰어넘어 상급학년으로 진급하는 것을 말한다. 월반을 하는 경우, 학교 교육과정 및 모든 학교생활을 상급학년 반에 속하여 하게 된다. 따라서 해당 학년의 교육과정을 동일하게 적용함으로써 담당 교사가 그 학생을 위해 별도의 교육과정을 마련할 필요가 없다는 점이 심화학습과 다른 장점이다.

(3) 무학년 학급

무학년 학급(non-graded classes)은 전체 학생을 학년별로 나누지 않고 여러 학년의 학생들이 함께 모여서 학습하는 방법으로, 학생은 자신의 능력과 학습동기 수준에 맞게 교육과정을 이수한다.

(4) 다학년 혼합학급

다학년 혼합학급 프로그램(multi-graded/combination classes)은 무학년 프로그램의 변형으로 일반적으로 두 학년의 교육과정을 포괄하는 프로그램을 한 반에서 제공한다. 예를 들면, 1학년과 2학년, 3학년과 4학년 등으로 혼합반을 형성하는 방법이다. 이런 경우 영재아동은 혼합학급에서 어린 학년에 속하게 된다. 즉, 원 학년이 1학년이면 1~2학년 혼합반에, 3학년인 경우는 3~4학년 혼합반에 배치된다. 다학년 혼합학급 속진은 2년에 걸친 교육과정을 1년 안에 마칠 수 있는 가능성을 제공하므로, 일반적인 12년 교육과정을 보다 빨리 마칠 수 있게 된다.

(5) 학년 단축

학년 단축(grade telescoping)은 몇 개의 학년을 이보다 빠른 연수 안에 마칠 수 있도록 단축하는 것으로, 예를 들면 중학교 교육과정 3년을 압축하여 2년 안에 마칠 수 있도록 하는 것이다. 학년 단축인 경우, 월반과 같이 특정 학년의 교육과정을 모두 생략하는 것이 아니라 압축된 모든 과정을 이수하는 장점이 있다.

(6) 학점 인정 시험제도

학점 인정 시험제도(testing out, credit for examination)는 학년의 교과과정을 수강하지 않고도 시험을 치러서 그 결과가 기준보다 높으면 학년을 이수한 것으로 인정하고 다음 학년으로 진급하는 것을 인정해 주는 제도다.

(7) 대학 조기입학

고등학교를 졸업하지 않고서도 대학교에 입학하는 것을 허용하는 속진 방법이다.

3) 속진제의 대상자와 적합한 속진 유형

앞서 살펴보았듯이 속진의 세부 유형은 매우 다양하며, 각 세부 유형이 가진 장단점도 다르다. 따라서 아동에게 속진을 적용할 때는 여러 가지 속진 유형 중 학생에게 적합한 것을 선택하고, 속진한 후에도 학생의 지속적인 학업적 성취와 사회적 적응을 위해서는 학생이 가진 여러 가지 개인적 특성과 환경 등을 고려해야 한다. 즉, 지적 능력, 재능 적성, 학업성취뿐 아니라 학교 및 속진에 대한 태도, 신체 및 심리적 발달 정도, 사회적 기술 및 학습 태도 등을 고려해야 한다. 이를 위하여서는 표준화된 시험뿐 아니라 행동 관찰, 학생 및 부모의 인터뷰 등 다면적 평가가 필요하다(Colangelo, Assouline, & Lupkowski-Shoplik, 2004).

속진 이후 성공적인 결과를 가져오기 위해서는 아동의 특성에 적합한 속진 유형을 적용하여야 하며, 일반적으로 속진 속도가 빠를수록 보다 엄격한 기준과 심사를 적용한다. 따라서 교과기반 속진보다 학년기반 속진의 경우 학업성취도뿐 아니라 엄격한 지적 능력 수준도 고려해야 하며, 모든 속진 유형의 경우 안정적인 정서적 특성도 반드시 고려하여야 한다. 즉, 지적 능력뿐 아니라 과제집착력, 높은 학습동기를 가지고 있어야 하며, 정서적으로 독립적이고 사회적 성숙도가 높을 때 속진을 적용하는 것이 바람직하다. 이를 위해서는 학생의 연령 또한 고려해야 한다. 이와 같이 각 속진 유형을 추천하기 위하여 요구되는 학생의 특성, 해당 연령을 살펴보면 〈표 10〉〈표 11〉과 같다.

〈표 10〉〈표 11〉에서 보듯이 속진의 경우는 심화보다 더욱 면밀히 학생의 인지적, 정서적 특성을 고려하여 가장 적합한 유형을 시도해야 한다. 이는 속진 시 자신과 같은 또래들 대신 나이 많은 학생들과 지내야 하므로 여기에서 발생할 수 있는 정서적 문제들을 최소화하기 위해서다.

또한 속진 이후 아동의 적응에 중요한 요인은 환경적 요인으로 가정 및 학교 시스템이 지지하는 정도 또한 중요하게 고려해야 한다. 먼저 학교 환경을 보면, 속진하는 아동을 잘 수용하는 교사가 있어야 하며, 아동이 가진 영재성 영역에서는 나이 많은 학생들과 배우더라도 그 외의 시간에는 또래 아동들과 어울릴 기회가 제공되어야 하고, 속진 결정에 아동의 의견을 반드시 반영하여야 한다. 이와 더불어 아동이 부적응 시에는 원 학년에 배치될 수 있는 유연한 학교 행정이 있어야 한다.

아동의 특징, 교육 행정뿐 아니라 가정의 특징도 매우 중요하다. 가정 및 부모의 지지는 속진 후 학업적, 사회적, 정서적 결과 모두에 긍정적인 영향을 주는 매우 중요한 요인이므로 영재아동의 속진을 위한 가족의 지지가 필수적이다(Charlton, Marolf, & Stanley, 1994; Gross, 2000; Sayler, 1994; Stanley, 1978). 부모의 양육 태도 중 영재아동의 발달에 중요한 요인은, 자녀의 독립성과 자율성을 키워 주고자 노력하는 것(Sayler, 1994), 자녀에 대해 높은 교육적 기대와 더불어 아동에게 부담을 주지 않는 태도 등이다(Noble & Smyth, 1995).

〈표 10〉 각 교과기반 속진 유형에 적합한 학생 특성[5)]

학생 특성 / 속진 유형	인지적 특성	정의적 특성	학습 선호도	흥 미	추천 연령(추천 학년)
교육 과정 압축	• 특정 과목이나 주제에서 해당 학년/나이보다 높은 수준의 성취(해당 과목의 85% 이상을 이미 완전 학습)	• 속진 대상 과목에 대한 높은 학습동기 • 높은 성취동기 • 흥미 분야에 대한 높은 지구력 • 자신감	• 소그룹 혹은 개별 프로젝트 선호 • 독립적이며 주도적 학습 선호 • 암기 및 반복, 또래 교수방법의 비선호	• 재능 분야에 강한 흥미 • 폭넓은 학업적 흥미 • 반복적이고 일상적인 학업에 대한 흥미 부족	만 9~14세(초3~중2)
특정 과목 속진	• 평균 이상의 지적 능력 • 속진 영역에서 같은 학년 또래보다 2학년 이상 높은 성취수준 • 뛰어난 계획력과 정확한 의사소통 능력	• 흥미 분야에 대한 높은 지구력 • 학교와 배우는 것을 좋아함 • 사회적으로 성숙, 독립적, 정서적 안정, 자신감 • 속진의 부정적 결과에 대한 위험을 감수할 의도	• 소그룹 혹은 개별 프로젝트 선호 • 도전적이고 빠른 학습 진도 선호 • 경쟁적 학습 분위기 선호	• 특정 학업 영역에 대한 강한 흥미 • 다양한 학교 밖 활동에 참여	만 6~14세(초1~중2)

〈계속〉

5) Rogers(2002, 2004); 조석희, 박성익, 이미순, 이현주(2006) 참조.

학생 특성 / 속진 유형	인지적 특성	정의적 특성	학습 선호도	흥 미	추천 연령 (추천 학년)
동시 재학	• 평균 이상의 지적 능력 • 속진 영역에서 같은 학년 또래보다 2학년 이상 높은 성취수준 • 뛰어난 계획력과 정확한 의사소통 능력	• 높은 성취동기 • 학교와 배우는 것을 좋아함 • 다른 사람들에 대한 수용력 • 사회적 성숙, 정서적 안정, 자신감	• 혼자서 하는 독립 학습 외에 거의 모든 교수 방법을 선호 • 도전적이고 빠른 학습 진도 선호 • 경쟁적 학습 분위기 선호	• 특정 학업 영역에 대한 강한 흥미 • 폭넓은 학업적 흥미 • 학교 안보다 학교 밖의 다양한 활동 참여	만 11~18세 (초5~고3)
재능 발굴 프로그램	• 특정 학업 영역에서 상위 3% 이내의 성취와 인지 능력 • 뛰어난 의사소통 능력	• 독립성 • 높은 학습동기 • 높은 성취동기 • 흥미 분야에 대한 높은 지구력 • 사회적 성숙, 자기 주도력, 지구력	• 거의 모든 교수 방법을 선호 • 도전적이고 빠른 학습 진도 선호 • 동일 능력 집단과 학습하는 것을 선호 • 경쟁적 학습 분위기에 익숙	• 특정 학업 영역에 대한 강한 흥미 • 폭넓은 학업적 흥미 • 학교 안보다 학교 밖의 다양한 활동 참여	만 9~18세 (초3~고3)
통신, 원격 (온라인) 프로그램	• 평균 이상의 지적 능력 • 특정 학업 영역에서 해당 학년/나이보다 높은 수준의 성취 • 뛰어난 계획력과 정확한 의사소통 능력	• 독립성 • 흥미 분야에 대한 높은 지구력 • 자신의 시간과 과제를 계획하고 구조화에 뛰어남 • 사회적 성숙과 안정	• 독립적 학습에 강한 선호 • 도전적이고 빠른 학습 진도 선호	• 특정 학업 영역에 대한 강한 흥미 • 폭넓은 학업적 흥미 • 학교 안보다 학교 밖의 다양한 활동 참여	만 12~18세 (초6~고3)

〈계속〉

학생 특성 / 속진 유형	인지적 특성	정의적 특성	학습 선호도	흥 미	추천 연령 (추천 학년)
대학 과정 학점 이수	• 평균 이상의 지적 능력 • 특정 학업 영역에서 해당 학년/나이보다 높은 수준의 성취 • 뛰어난 의사소통 능력	• 높은 학습동기 • 독립성, 사회적 성숙, 자기주도력, 자구력 • 타인에 대한 수용력 • 속진의 부정적 결과에 대한 위험을 감수할 의도	• 강의, 토론, 소그룹 활동을 선호 • 심층 연구, 빠른 학습 속도 선호 • 도전적이고 경쟁적인 학습 환경 익숙	• 특정 학문 분야에 대한 강한 흥미 • 폭넓은 학업적 흥미 • 학교 안팎의 다양한 학습 활동 참여	만 16~18세 (고1~고3)
멘터십	• 평균 이상의 지적 능력 • 특정 학업 영역에서 해당 학년/나이보다 높은 수준의 성취 • 뛰어난 계획력과 정확한 의사소통 능력	• 독립성 • 높은 학습동기 • 강한 계획력, 정확한 대화 능력 • 학습 시 강한 집중력	• 강의, 토론, 프로젝트 과제에 대한 강한 선호 • 도전적이고 빠른 학습 속도 선호	• 특정 학문 분야에 대한 강한 흥미 • 폭넓은 학업적 흥미	만 17~18세 (고2~고3)
대학 및 고교 학점 동시 이수	• 평균 이상의 지적 능력 • 특정 학업 영역에서 해당 학년/나이보다 높은 수준의 성취 • 뛰어난 계획력과 정확한 의사소통 능력	• 높은 학습동기 • 독립성, 자구력 • 사회적으로 성숙하며, 타인에 대해 수용적	• 자신을 시험할 수 있는 경쟁적 학습 분위기 선호 • 혼자서 하는 독립 학습 외에 거의 모든 교수 방법에 대한 강한 선호 • 도전적이고 빠른 학습 속도 선호	• 특정 학문 분야에 대한 강한 흥미 • 폭넓은 학업적 흥미 • 학교 안보다 학교 밖의 다양한 활동 참여	만 17~18세 (고2~고3)

〈표 11〉 각 학년기반 속진 유형에 적합한 학생 특성[6)]

학생 특성 / 속진 유형	인지적 특성	정의적 특성	학습 선호도	흥 미	추천 연령 (추천 학년)
초등학교 조기 입학	• 높은 지적 능력(IQ 점수 130 이상) • 초등학교 학업에 적합한 읽기, 쓰기, 능력	• 학교에 빨리 입학하고 싶어 함 • 높은 학습동기 • 나이 많은 학생들과의 생활에 편안함을 보임 • 또래보다 오래 집중 시간 • 사회적으로 성숙	• 읽고 쓰기 등의 학습 활동 선호 • 학업적으로 도전받는 것을 선호 • 학교를 재미있는 곳으로 인식	• 국어, 수학 관련 활동을 선호 • 학습 분야에 대한 폭넓은 흥미	만 3~6세 (유치원)
월반	• 높은 지적 능력(IQ 점수 130 이상 등) • 대부분의 학과목에서 같은 학년 또래보다 2학년 이상 높은 성취수준 • 일반 학급에서의 늦은 학습 속도에 부적응	• 학습 및 과제에 대한 높은 지구력 • 독립성, 사회적 성숙	• 빠른 속도의 학습과 도전적 과제 선호 • 자기주도적 학습 선호 • 동일 능력 집단과 학습하는 것을 선호	• 폭넓은 학업적 흥미 • 학교 밖의 다양한 활동 참여	만 6~18세 (초1~고3)

〈계속〉

6) Rogers(2002, 2004); 조석희, 박성익, 이미순, 이현주(2006) 참조.

학생 특성 / 속진 유형	인지적 특성	정의적 특성	학습 선호도	흥 미	추천 연령 (추천 학년)
무학년 학급	• 평균 이상의 지적 능력 • 대부분의 학과목 영역에서의 높은 성취 • 일반 학급에서의 늦은 학습 속도에 부적응	• 학습 및 과제에 대한 높은 지구력 • 독립성, 사회적 성숙 • 타인에 대한 수용	• 토론, 또래 교수, 그룹 프로젝트 선호 • 자기주도적 학습 선호	• 폭넓은 학업적 흥미 • 학교 밖의 다양한 활동 참여	만 9~14세 (초3~중2)
다학년 혼합 학급	• 평균 이상의 지적 능력 • 대부분의 학과목 영역에서의 높은 성취 • 일반 학급에서의 늦은 학습 속도에 부적응 • 관심 있는 분야에 대한 장기간의 집중	• 독립성 • 학습 및 과제에 대한 높은 지구력 • 높은 학습동기 • 사회적 성숙, 타인에 대한 수용	• 동일 능력 집단과 학습하는 것을 선호 • 자기주도적 학습 선호	• 폭넓은 학업적 흥미 • 학교 밖의 다양한 활동 참여	만 6~14세 (초1~중2)
학년 단축	• 평균 이상의 지적 능력 • 동 학년의 교과과정을 숙달 • 일반 학급에서의 늦은 학습 속도에 부적응	• 학습 및 과제에 대한 높은 지구력 • 사회적 성숙, 타인에 대한 수용 • 독립성	• 빠른 학습 속도 선호 • 같은 능력 혹은 같은 흥미 집단과의 활동 선호 • 자기주도적 학습 선호	• 학교 밖의 다양한 활동 참여	만 12~18세 (초6~고3)
학점 인정 시험 제도	• 평균 이상의 지적 능력 • 대부분의 학과목에서 같은 학년 또래보다 2학년 이상 높은 성취수준	• 독립성 • 높은 학습동기 • 자기 수용적 태도	• 도전적이고 빠른 학습 속도 선호 • 독립적 학습 혹은 소규모의 동일 능력 집단과의 학습 선호	• 적어도 하나 이상의 학문 분야에서의 강한 흥미 • 학교 밖의 다양한 활동 참여	만 7~18세 (초2~고3)

〈계속〉

학생 특성 / 속진 유형	인지적 특성	정의적 특성	학습 선호도	흥 미	추천 연령 (추천 학년)
대학 조기 입학	• 높은 지적 능력(3년 이상의 급진적 속진의 경우 IQ 점수가 150 이상) • 고등학교 재학 시 대학 과정 학점 이수 • 고2 이전에 전국 단위의 대학 입학을 위한 학력 평가에서 상위 1% 이내 • 일반학급에서의 늦은 학습 속도에 부적응	• 독립성 • 높은 학습동기 • 대학생활을 어린 나이에 할 수 있을 정도의 사회적 성숙 • 타인에 대한 수용력 • 자신감 • 경쟁에서 이기려는 승부욕	• 도전적이고 빠른 학습 속도 선호 • 자기주도적 학습, 강의, 개인 프로젝트, 토론 선호 • 고등학교를 일찍 졸업하는 것에 대해 후회 없음	• 적어도 하나 이상의 학문 분야에서의 강한 흥미 • 학교 밖의 다양한 활동에 적당한 수준에서 참여	만 14~18세 (중2~고3)

4) 우리나라의 속진

현재까지 미국을 비롯하여 여러 선진국에서는 심화 위주의 영재교육이 주가 되어 왔으나 최근 속진에 대한 필요성과 장점을 강조하는 목소리가 높아지고 있다(Colangelo, Assouline, & Gross, 2004; Kulik, 2004; Kulik & Kulik, 1984; Lubinski, 2004; Rogers, 1991). 우리나라의 영재교육도 속진보다 심화를 원칙으로 하고, 특별한 경우에 학생의 필요에 따라 속진 교육을 할 수 있도록 하고 있다.

우리나라의 경우 속진제를 시행할 수 있는 법적 제도는 1996년도부터 마련하였으나 학교 현장의 시행 조건이 충분치 않아 이 제도를 충분히 활용하지 못하는 경우가 많다. 비록 과학 고등학교 학생들이 대학에 조기입학하는 경우, 자동적으로 조기졸업으로 인정해 주는 형태가 있다 하더라도, 그 외에 일반 초, 중학교에서 조기진급을 하거나 조기졸업을 하는 학생들은 거의 없었다(조석희, 박성익, 이미순, 이현주, 2006). 그러나 우리나라의 속진제에 대한 법적, 제도적 장치를 보면 충분히 가능한 것으로, 아동의 인지, 정의, 사회적, 학업적 특성에 대한 전문가 집단의 진단을 통하여 가장 적합한 교육적 선택을 할 수 있도록 도와주는 것이 매우 중요하다.

2. 심 화

심화(enrichment)는 영재아동에게 일반 교과과정을 넘어 보다 심도 있고 넓은 영역의 활동을 제공하는 과정으로, 심화과정의 기본 원리는 다음과 같다(Davis & Rimm, 2004).

- 연령보다 학생의 교육적 필요에 근거하여 학습 활동을 제공함으로써 잠재력을 최대한 실현하도록 한다.
- 심화과정의 내용과 교육 방법은 일반 교육과정과 병행하며 융합하여 제공한다.
- 다양한 흥미 분야, 연구 분야에 학생들을 노출시킨다.

- 학생들이 스스로 선택하는 내용으로 구성한다.
- 학습 내용은 복잡하고 추상적인 높은 수준으로 구성한다.
- 창의적 사고와 문제해결력을 자극하는 학습 내용과 방법을 제공한다.
- 고차적인 사고 기술, 비판적 사고, 탐구 기술을 포함한다.
- 자기 이해와 정서적인 발달을 위한 전인 교육적 관점을 가진다.
- 학업적 동기, 자기 조절, 성취 동기를 자극하고 개발한다.

우리나라의 영재교육은 심화를 원칙으로 히고, 특별한 경우 학생의 필요에 따라 속진 교육을 할 수 있도록 하고 있다. 이것은 심화교육이 창의성이나 자기주도적인 학습 태도, 도덕성을 함양하는 데 보다 효과적이라고 보기 때문이다(김홍원, 조석희, 정현철, 2003).

1) 심화학습 모형

심화학습을 제공하기 위한 학습 모형은 연구자에 따라 다양하나 이 중 Renzulli의 삼부 심화학습 모형(Enrichment Triard Model; Renzulli, 1977, 1997)은 여러 영재교육과정 모형 중 우리나라를 비롯하여 가장 널리 활용되는 모형이다(김홍원 외, 2003). Renzulli의 삼원 영재 개념에 기초하여 개발된 삼부 심화학습 모형에서는 크게 3단계로 나누어 심화학습을 제공하며, 일부 영재아동뿐 아니라 전체 아동들이 영재교육의 혜

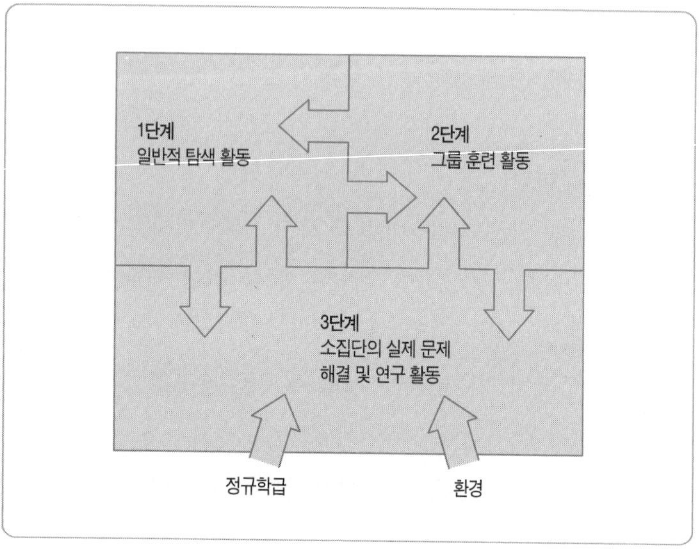

[그림 4] 삼부 심화학습 모형

출처: Renzulli & Reis (1997).

택을 받을 수 있도록, 전 학교적인 실시를 목표로 한다([그림 4] 참조).

먼저 삼부 심화학습 모형은 1단계 심화인 일반적 탐색 활동(general exploratory activities), 2단계 심화인 그룹 훈련 활동(group training activities), 그리고 마지막으로 3단계 심화인 개인 또는 소집단의 실제 문제해결 및 연구 활동(individual & small group investigations of real problems)으로 구성된다. 삼부 심화학습 모형의 가장 큰 장점이자 특징은 3단계 중 1, 2단계는 영재뿐만 아니라 일반학생들도 참여할 수 있다는 것이다. 삼부 심화학습의 각 단계를 구체적으로 살펴보면 다음과 같다.

(1) 1단계 심화학습: 일반적 탐색 활동

일반적 탐색 활동 단계에서는 정규 수업에서 다루지 않는 다양한 주제와 흥미로운 분야를 학생들이 접하게 함으로써 폭넓은 지식과 흥미 분야를 경험하게 한다. 이 단계에서 학생들은 다양한 새로운 학문 영역과 예술 분야들을 경험함으로써 자신의 관심 분야를 깨닫게 되고 2, 3단계에서의 심화 활동에서 자신이 주도할 수 있는 특성 주제나 문제들을 좁혀 나갈 수 있다.

1단계 심화 활동을 위해서 교사들은 각종 전문 서적, 잡지, 대중 매체, 시각 자료 등의 여러 학습 자료를 제공함으로써 학생들이 광범위하고 다양한 주제를 접할 수 있게 한다. 또한 이 단계에서는 시청각 자료뿐 아니라 다양한 장소와 박물관 등을 견학하고, 전문가의 강연, 의견 조사, 토론 등의 다양한 활동을 통하여 학생들이 자신의 관심과 재능 영역을 탐색할 수 있다. 이러한 활동을 통하여 학생들은 일반 수업 시간에서 제공되는 활동을 넘어서 직접 전문 분야를 경험하고 관련된 활동들을 적극적으로 체험하게 된다.

(2) 2단계 심화학습: 소집단 단위의 훈련 활동

2단계 심화학습은 사고과정을 발달시키는 것에 중심을 둔

활동으로, 창의성, 문제해결력, 자신이 관심 있는 분야를 연구하는 데 필요한 '방법과 기술'을 습득하는 단계이며 각 활동은 소집단 단위의 프로그램으로 이루어져 있다. 이 단계는 5가지 영역에서의 기술, 즉 ① 사고력, 창의력 및 문제해결력, ② 연구에 필요한 기술(청취, 관찰, 인터뷰, 설문, 자료 분석 및 해석 등), ③ 참고 자료 활용 기능, ④ 다양한 의사소통 기능, ⑤ 정서적 요소(긍정적 자아개념, 사회성)를 발달시키는 것이 중요한 학습 목표다. 이 단계의 활동들은 정규 수업 시간에 이루어지기도 하고, 별도의 시간을 통해서 이루어지기도 한다. 이 단계에서 습득한 여러 가지 기술과 내용들은 학생들의 연구 활동을 촉진시키기 위한 수단으로 인식되며, 그 자체가 학습의 목표가 되는 것은 아니다.

(3) 3단계 심화: 개인 또는 소집단 단위의 문제해결 및 연구 활동

심화학습 모형의 1, 2단계는 영재아동뿐만 아니라 관심 있는 일반 학생들 모두가 대상인 반면, 3단계는 상당한 수준의 창의력, 지적 능력, 그리고 과제집착력이 요구되기 때문에 주로 소수의 영재들을 대상으로 한다. 개인이나 소집단 중심으로 이루어지는 3단계 심화 활동은 심화학습 3단계 모형의 가장 핵심적인 활동이며, 영재학생들의 잠재 능력을 계발시킬 수 있는 가장 적합한 학습 방법 중 하나로 평가된다. 이 단계에서는 ① 자신이 선택하고 주도하는 문제 영역에 지식과 창의성을 적용하고, ② 특정 영역에 대한 전문적인 이해를 습득하며, ③ 자기주도적 학습 기술을 발전시키고, 마지막으로 ④ 자신감과 과제집착력을 발전시킨다. 또한 이 단계에서 학생들은 기존 지식을 그대로 반복하거나 응용하기보다는 자신이 새로운 지식을 창출하도록 유도한다. 이 단계에서 현실 생활의 문제 혹은 자신이 관심이 있는 문제, 즉 실제 문제(real problem)에 학생 자신들이 습득한 지식과 기술을 적용한다. 또한 예술에 재능이 있는 학생은 실제 예술 작품을 생산하도록 하여 지식의 창출자가 되도록 한다. 이때 교사는 학생 연구의 조력자 및 촉진자로서의 역할을 할 뿐이고, 학생들이 독자적으로 전문가들이 사용하는 연구 방법을 활용하여 문제를 탐구해 간다. 또한 영재들에게는 작품의 산출뿐 아니라 그에 대한 평가가 중요하여, 이 단계에서는 참된 청중(real audiencc), 즉 전문가, 동료, 부모, 교사와 같은 실제 관객들에게 자신의 산출물을 전시하거나 발표하여 평가받도록 한다.

2) 우리나라의 심화학습

우리나라의 경우 많은 영재교육기관이 심화학습 프로그램으로 한국교육개발원이 개발한 영재 교수-학습 자료를 사용하고 있으며, 이 영재 프로그램들은 Renzulli의 삼부 심화학습 모형에 따라 구성된 것이 특징이다(김홍원 외, 2003).

우리나라 영재교육의 심화학습의 구조를 보면 〈표 12〉와 같다.

〈표 12〉 우리나라 영재교육 단계

단계	해당 삼부 심화학습 단계	목표	설명
1단계	일반적 탐색 활동	계획하기	호기심, 흥미를 유발하고 계획을 수립하는 단계
2단계	그룹 훈련 활동: '방법과 기술'을 습득	지식 및 기능 습득하기	프로젝트 수행에 필요한 기본적인 지식과 기능 습득 단계
3단계	문제해결 및 연구 활동	실제 연구 수행하기	창의적인 산출물을 만들어 내는 단계
		발표 및 평가/반성하기	산출물을 청중에게 발표하고 평가하는 단계

출처: 김홍원, 조석희, 정현철(2003).

심화학습에 대한 보다 실제적인 이해를 돕기 위하여 교육자료의 예를 〈표 13〉과 같이 제시하였는데, 이 활동은 영재아동들이 통계 조사에 대한 내용을 배우고, 이를 바탕으로 실제 통계 자료를 활용하여 신문을 제작하는 활동으로 이루어져 있다.

먼저, 1단계는 '일반적 탐색 활동'으로서 통계에 대한 일반적 내용을 살피면서 동시에 교과과정에서는 다루지 않는 내용들을 학습하기 위하여 실제 통계를 사용하여 방송하는 뉴스나 신문 기사들을 찾아본다. 이를 통하여 통계가 제시하는 내용, 그래프들을 보면서 기사 내용과 비교해 보며, 통계에 대한 흥미를 유발한다.

2단계인 '소집단 단위의 훈련 활동'은 '방법과 기술'을 습득하는 단계로, 이 활동에서 실제 통계 작성에 필요한 방법인 차

〈표 13〉 심화학습의 예: 나는 통계 신문 기자

<table>
<tr><th>전개
단계</th><th>활동명</th><th colspan="2">주요 수업 활동</th><th>주요 수업
형태</th><th>탐구
단계</th></tr>
<tr><td>1단계
계획
수립
하기</td><td>출발!
그래프
세상
속으로</td><td colspan="2">• 단원 소개
• 그래프 보고 분석, 예측하기
• 통계 자료가 포함된 신문기사를 찾아 분석하기
• 표, 그래프, 기사 내용의 장점과 단점 비교하기
• 그래프의 필요성 알아보기
• 모둠별 통계 신문 계획 세우기</td><td>• 교사강의
• 모둠활동
• 전체토론</td><td>통계
신문
계획
세우기</td></tr>
<tr><td rowspan="4">2단계
지식 및
기능
습득
하기</td><td>자료의
여행</td><td colspan="2">• 통계 조사 과정 알아보기
• 통계 조사 계획 세우기
• 자료 수집하기
• 수집한 자료 정리 분석하기</td><td>• 교사강의
• 모둠활동
• 전체토론</td><td>지식 및
기능
습득</td></tr>
<tr><td>막대와
꺾은 선</td><td colspan="2">• 통계청 방문하기
• 이상한 그래프 알아보기
• 꺾은 선 그래프 그리기
• 중간값 예상하기</td><td>• 교사강의
• 개인실습
• 개별피드백
• 모둠활동</td><td>지식 및
기능
습득</td></tr>
<tr><td rowspan="2">그래프와
한판 승부</td><td colspan="2">• 그래프를 만드는 프로그램에 대한 경험 이야기하기
• 한글 2002를 이용한 차트 만들기
• Excel을 이용한 차트 만들기</td><td>• 교사강의
• 개인실습
• 개별피드백</td><td>지식 및
기능
습득</td></tr>
<tr><td colspan="2">• 컴퓨터 프로그램을 이용하여 그래프로 나타내기</td><td>• 개인활동</td><td>자료
수집</td></tr>
<tr><td rowspan="3">3단계
수행
하기</td><td>통계 신문
기자가
되어</td><td colspan="2">• 신문 살펴보고 통계자료와 기사의 연관성 확인하기
• 통계자료 만들기
• 신문기사를 만들어 발표하기</td><td>• 모둠활동
• 개인활동</td><td>자료
수집</td></tr>
<tr><td>통계 신문
전시회</td><td colspan="2">• 통계자료 알리는 방법 이야기하기
• 통계 신문 만들기
• 만든 소감 발표하기</td><td>• 모둠활동
• 개인활동</td><td>프로젝트
완성</td></tr>
<tr><td>통계 신문
전시회</td><td colspan="2">• 통계 신문 전시회</td><td>• 모둠활동</td><td>통계
신문
전시회
및 평가</td></tr>
<tr><td>평가</td><td colspan="2">• 지식 및 개념 평가
• 행동특성 체크 리스트
• 학생 상호 평가
• 교사설문지(프로그램 평가)
• 모둠활동 평가
• 산출물 평가</td><td>평가
방법</td><td colspan="2">• 개념 이해에 대한 지필 고사
• 학생들의 동료 평가
• 보고서 및 산출물 평가
• 설문지 등을 통한 교사의 수업 평가
• 수업진행에 대한 평가</td></tr>
</table>

출처: 조석희, 정현철, 표성수(2005).

트 그리기, 통계 소프트웨어 사용하기와 컴퓨터 프로그램을 배운다.

3단계는 '문제해결 및 연구 활동'으로 여기에서는 실제 자신이 흥미로워 하는 부분에서 자료를 모아 통계를 산출하고, 이를 활용하여 실제 통계기자처럼 신문기사를 작성하여 보는 것이다. 자신들이 작성한 신문기사를 수집하여 교내 통계 신문 전시회를 개최하여 '참된 청중'에게 보이고 평가를 받는다. 그 후 학생들 간의 상호 평가뿐 아니라 학생 자신의 산출물을 스스로 평가해 봄으로써 반성(reflection)의 시간을 갖는다.

3. 집단 편성

아동의 교육적 요구에 맞는 속진 및 심화학습과정을 제공하는 것 외에도 영재아동들에게 자신과 비슷한 아동들과 상호 작용하며 사회적, 정서적 안정과 학업적 지지를 제공받는 것도 중요한 요소다. 이러한 집단 편성은 전체 학급제 집단 편성(whole class strategies)과 소규모 집단 편성(small group strategies)으로 나누어 볼 수 있다. 또한 이 외에도 집단 편성을 따로 하지 않고 교사가 일반학급 안에서 개별적인 교육 프로그램을 제작하여 적용하는 개별화 교육 방안이 있으며 이는 집단 편성을 대신하는 방법으로 사용할 수 있다. 이 장에서는 각각의 집단 편성 및 개별화 교육방안에 해당하는 유형들과 그 특성을 살펴보고자 한다.

1) 전체 학급제 집단 편성

전체 학급제 집단 편성(whole class strategies)은 영재아동을 특별 학급이나 학교에 배치하여 전 학기 동안 이들을 위한 영재교육을 제공하는 것이다. 여기에는 영재를 위한 특수학교와 일반학교 안에 영재학급을 따로 운영하는 것이 포함된다.

상당수의 선진국에서는 많은 대도시 안에 공립 영재학교가 있으며 우리나라의 경우도 부산의 한국과학영재학교(부산)가 영재학교로 지정되어 운영되고 있고, 최근 서울의 과학영재학교가 추가로 지정되었다. 이러한 영재학교는 동일한 능력의 영재아동들로 구성되므로 사회적 동질감을 느낄 수 있는 반면 일시적으로 자존감이 하락하는 현상도 있을 수 있다(Davis & Rimm, 2004). 일반적으로 영재학교는 추천, 표준화 검사, 산출물 평가 등의 선발 절차를 걸쳐 영재아동을 선발하여 교육한다.

영재학급은 각 학교에서 혹은 지역 교육청 내에서 각 학년당 영재학급을 운영하는 것으로 이들을 위한 특별 교사가 배치되어 가르친다. 이러한 영재학급은 전 학교가 영재아동으로 구성된 것이 아니고 일부 반에서 영재아동을 일반아동과 분리하여 교육하는 것으로, 영재아동이 사회적, 정서적으로 불안정할 수 있으며, 일반아동에게도 상대적으로 자기 존중감을 하락시키는 결과를 가져올 수 있다(Davis & Rimm, 2004). 그러나 영재학급은 영재아동들이 집을 떠나지 않고 가족들의 지원을 받으면서 영재교육에 참여할 수 있는 장점이 있다.

2) 소규모 집단 편성

소규모 집단 편성은 학생들이 또래와 같은 정규 학급에 소속되어 있으면서 학급 내에서 소규모로 편성된 능력별 그룹에 속해 있거나, 방과 후, 토요일 프로그램 혹은 정규 시간 중 일부에 능력별로 집단을 편성하여 그에 적합한 교육을 받는 것이다.

풀 아웃 프로그램(pool out program)은 주당 몇 시간씩 정해진 시간만큼 일반 정규반에서 영재아동을 뽑아내어 별도의 교육을 받는 제도다. 우리나라의 경우 주중 하루 정도를 학교가 아닌 영재교육원에서 교육을 받도록 하고 있다. 클러스터 집단 편성(cluster group)은 전 학년에서 가장 뛰어난 영재아동 5~8명을 같은 학급 내에 위치시켜 훈련받은 교사가 일반학급을 가르치면서 동시에 이 특별 그룹을 교육하는 것이다. 이런 경우 교육과정을 압축(compacting)하여 영재아동을 가르치며, 교육과정 압축으로 생긴 여분의 시간에는 심화 활동을 한다.

학급 내 소집단 편성(within class grouping)은 초등학교 수준에서 자주 사용하는 방법으로 특정 교과목을 배울 때 전 학급을 아동의 능력 수준에 따라 소집단을 편성하여 동일 능력의 아동들이 같이 학습하도록 하는 방법이다. 이러한 집단별 편성으로 영재아동을 교육할 때는 교육과정 압축을 통하여 영재아동들이 이미 습득한 지식을 불필요하게 반복하지 않으며, 일반아동들이 기본 지식을 습득할 때 자신의 능력과 흥미에 적합한 심화학습을 제공할 수 있는 장점이 있다. 각 집단 편성의 유형에 적합한 아동의 특성들을 〈표 14〉에 제시하였다.

〈표 14〉 각 아동 특성에 적합한 집단 편성 유형[7)]

학생 특성 / 속진 유형	인지적 특성	정의적 특성	학습 선호도	흥 미	추천 연령(추천 학년)
영재 학교/영재 학급	• 높은 지적 능력(IQ 점수가 130 이상 등) • 대부분의 학과목에서의 높은 성취 • 일반학급에서의 늦은 학습 속도에 부적응	• 학교생활을 즐김 • 타인에 대한 수용 • 경쟁적 환경에 적응 • 지적 호기심	• 빠른 속도의 학습과 도전적 과제 선호 • 동일 능력 집단과 학습하는 것을 선호	• 폭넓은 학업적 흥미 • 학교 밖의 다양한 활동 참여	특별한 제한 없음
풀아웃 프로그램	• 풀 아웃 대상인 특정 과목에서 높은 성취 • 해당 학년 수준보다 높은 학업 성취 • 일반학급에서의 늦은 학습 속도에 부적응	• 학교생활을 즐김 • 학습동기 • 타인 수용 • 자신에 대한 수용 • 독립성	• 빠른 속도의 학습과 도전적 과제 선호 • 동일 능력 집단과 학습하는 것을 선호	• 폭넓은 학업적 흥미 • 풀 아웃 대상인 특정 과목에서 높은 흥미 • 학교 밖의 다양한 활동 참여	특별한 제한 없음
클러스터	• 높은 지적 능력(IQ 점수가 130 이상 등) 또는 해당 학년 수준보다 높은 학업성취 • 일반학급에서의 늦은 학습 속도에 부적응 또는 자신이 배운 내용에 대한 심화학습 부족에 불만	• 학교생활을 즐김 또는 능력에 비하여 학업성취가 낮음	• 빠른 속도의 학습과 도전적 과제 선호 또는 융통성 있는 시간 활용 선호 • 동일 능력 집단과 학습하는 것을 선호	• 폭넓은 학업적 흥미 • 학교 밖의 다양한 활동 참여	특별한 제한 없음
소집단 편성	• 해당 학년 수준보다 높은 학업 성취 • 일반학급에서의 늦은 학습 속도에 부적응	• 학교생활을 즐김 • 학습동기 • 학습에 대한 높은 지구력 • 독립성	• 빠른 속도의 학습과 도전적 과제 선호 • 동일 능력 집단과 학습하는 것을 선호 • 교사의 감독 없이 과제 수행하는 것 선호	• 폭넓은 학업적 흥미 • 학교 밖의 다양한 활동 참여	특별한 제한 없음

7) Rogers(2002, 2004) 참조.

3) 개별화 교육

개별화 교육은 특정 집단 편성을 통하지 않고 한 학급 내에서 교사가 영재아동에게 개별화된 교육 프로그램을 제공하는 것이다. 여기에는 아동이 스스로 관심 있는 분야에 대한 연구주제를 정하여 독립 학습을 하고, 교육과정 압축을 제공하며, 다학년 학급 혹은 무학년 학급에 소속되도록 하여 개별적인 프로그램을 제공하는 것이 포함된다.

이상과 같이 영재아동을 위하여 제공할 수 있는 교육적 선택들을 살펴보았다. 이러한 교육적 선택들을 서로 배타적으로 적용할 수 있는 것이 아니라, 각 아동의 특성과 능력, 성취정도에 따라 동시에 적용될 수도 혹은 보완적으로 적용될 수 있는 것으로(Davis & Rimm, 2004; Rogers, 2002), 이 장 맨 처음에 소개되었던 4명의 아동의 사례에서도 다양한 교육적 선택이 활용되었음을 다음과 같이 확인할 수 있다.

각 아동에게 적용된 교육적 선택	
준형	Sunny
• 무학년학급 • 월반 • 능력별 학급 편성 • 동시 재학 • 재능발굴 프로그램	• 조기입학 • 능력별 집단 편성 • 특정 과목 속진 • 대학 학점 이수 제도 • 학점 인정 시험 제도
진서	형진
• 개별 학습 계획 • 문제해결과 연구를 통한 심화학습 • 멘터십	• 능력별 집단 편성 • 특정 과목 속진 • 심화학습 • 대학 조기입학

6 우리나라의 영재교육 체제

우리나라의 영재교육은 1980년대에 영재교육 시범 운영과 과학고등학교 설립, 1996년 조기진급 및 조기 졸업제 실시, 1999년 영재교육진흥법 제정 등을 통하여 발전해 가고 있다. 우리나라의 영재교육은 개인의 잠재력 최대 발현이라는 개인적 차원의 목적과 국가발전에 필요한 창의적 인력을 조기에 발굴하여 육성한다는 국가적 차원의 목적을 기반으로 이루어지고 있다.

우리나라 공교육에서의 영재교육기관은 [그림 5]와 같이 크게 영재학교, 영재학급, 영재교육원으로 구분되어 운영된다(교육인적자원부, 2007a). 현재 우리나라의 영재학교로는 부산의 한국과학영재학교(2002년 지정)와 서울의 과학고등학교(2008년 지정) 두 곳이 지정되어 과학 분야로 특화된 교육과정을 운영하고 있으며, 중학생이면 지원이 가능하다.

영재교육원은 각 시 · 도 교육청과 대학에서 운영하며, 영재

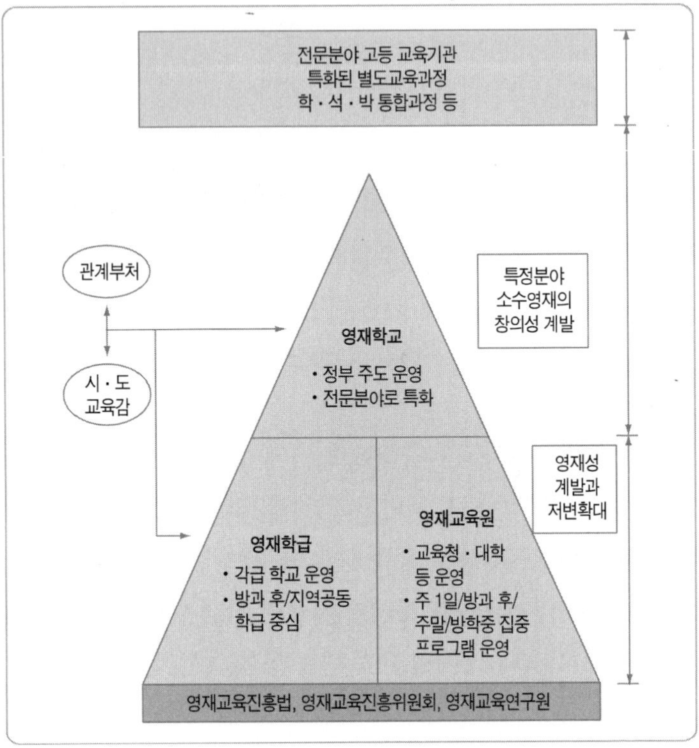

[그림 5] 우리나라 영재교육 체제

출처: 교육인적자원부(2007a).

교육 대상자는 각 기관의 선발 절차에 따라 선발된다. 먼저 시·도교육청의 영재교육원은 방과 후, 특별 활동 시간, 재량 활동 시간, 주말, 방학 중에 교육을 받을 수 있고 각 기관에 따라 정규교과 시간에도 수업을 할 수 있으며, 대부분 심화학습 위주로 진행된다. 대학 부설 영재교육원은 주로 주말과 방학을 이용하여 수업을 하며, 일반적으로 1차년에 기초과정, 2차년에 심화과정, 3차년에 멘터십으로 운영한다. 영재학급은 지리적으로 영재교육원을 갈 수 없는 중소도시 및 농어촌 지역의 학생들에게 영재교육을 제공하는 것이 주요 목적이다. 영재학급은 초, 중, 고등학교에 설립되어 운영하며, 영재교육원과 마찬가지로 방과 후, 특별 활동 시간, 재량활동 시간, 주말, 방학 중에 교육을 받을 수 있다. 주로 과학과 수학을 위주로 영재교육이 실시되며 선발 역시 각 시 · 도 교육청에서 관할하고 있다.

현재 우리나라는 시 · 도 교육청 운영 영재교육원과 영재학급에서 영재교육을 받는 학생이 2007년 총 4만 6,006명으로 전체 학생의 약 0.59%(교육인적자원부, 2007b)에 해당한다.

7 사례 연구

많은 영재아동이 자신에게 주어진 환경에 잘 적응하여 성인 이후까지 성공적인 삶을 살지만, 또 어떤 경우는 세상과 주위 사람들의 과도한 기대에 잘 적응하지 못하여 자신의 잠재력을 발휘하지 못하고 실패한 삶을 살기도 한다. 다음은 이에 대한 실제 사례들을 통하여 바람직한 영재교육 및 상담에 대한 시사점을 제시하고자 한다.

1. 두 천재의 극단적 삶: Nobert Weiner와 William James Sidis[8)]

Nobert Weiner와 William James Sidis는 모두 어렸을 때부터 당대의 천재로 불리며 자랐다. 두 명 모두 11세에 Harvard 대

8) Gross(1986, 1992a, 1992b, 2004); 조석희, 박성익, 이미순, 이현주(2006) 참조.

학에 입학하여 세인의 과도한 관심을 받았으며 경제적 배경도 매우 비슷했지만 그 둘의 삶은 극명하게 비교될 정도로 매우 달랐다.

Weiner와 Sidis는 모두 러시아계 유태인으로 미국으로 이민 온 가정에서 성장하였으며, 대중매체의 큰 관심을 받았다. Weiner와 Sidis의 아버지들은 자녀에 대한 학업적 기대가 지나칠 정도로 컸고 이것을 자녀에게 강요한 점이 유사하였다. 특히, Sidis의 경우, 공립학교에 다니지 않고 아버지에게 홈스쿨링을 받음으로써 아버지가 그의 삶 전체를 지배하고 통제하여, 아버지의 영향을 보다 더 많이 받았다. Sidis와 아버지와의 관계는 Sidis가 아버지의 영향과 관심을 덜 받기 위해 고의적으로 학업에 실패하고자 할 만큼 그의 삶에 매우 부정적인 영향을 주었다. 반면, Weiner의 경우는 공립학교에서 교육을 받아 다른 친구들이나 교사와 보내는 시간이 길어 Sidis에 비하여 아버지의 영향을 적게 받았다.

두 영재 모두 대중매체의 관심을 지나치게 받았으나 이러한 대중매체에 대한 두 부모의 반응이 달랐던 것도 두 영재의 큰 차이점이다. 먼저 Weiner의 아버지는 지나친 대중매체의 관심으로부터 자녀를 보호하려 애썼고, Weiner가 일반 아이와 다르지 않다고 생각하며 성장할 수 있도록 노력하였다. 이에 반해 Sidis의 아버지는 아들이 자신의 뛰어난 능력에 대해 자만심을 갖도록 하였고, 대중매체에 자녀를 알림으로써 경제적 이익을 보려 하였다.

두 영재의 성격도 매우 달라서 Weiner는 학교에 잘 적응하고, 교우 관계도 폭넓었으며, 교사들이 좋아하는 학생이었으나, Sidis는 일반 학교를 다니지 않아 교우 관계가 넓지 않았고 자신은 타인과 다르다는 생각 때문에 내성적이고 매우 예민하며 사귀기 힘든 성격으로 성장하였다. 성인으로 성장한 후에도 Weiner는 자신을 힘써 도와주는 여성과 결혼을 하고 안정적인 생활을 하였으나, Sidis는 예민하고 사회적 관계를 유지하는 것에 미숙하여 평생 독신으로 지냈다.

Sidis는 16세에 Harvard 대학을 졸업하고 수학과 대학원에 재학 중 Harvard 법학 대학원으로 옮겼으니 학업을 마치지 못했다. 그 후 Rice 연구소에서 연구직을 맡았으나 오래 가지 않아 그만두었고 그 이후는 학문과는 거리가 먼 낮은 임금의 단순 직업을 전전하다가 46세의 나이로 세상을 떠났다. 그는 어릴 적부터 대학 졸업까지의 성공한 삶과 그 이후 실패한 생활까지 항상 대중매체의 관심이 되었고 이에 항상 심한 부담을 느끼고 이로부터 벗어나고 싶어 하였다. 반면, Weiner는 Harvard 대학 졸업 이후 박사 과정을 마치고 두 권의 자서전을 비롯하여 많은 책을 출간하며, 지속적인 학문적 성취를 이룩하였다 (Montour, 1976, 1977).

Nobert Weiner와 William James Sidis 모두 뛰어난 영재였으나, Sidis는 뛰어난 재능을 발휘하지 못했고 개인적으로도 불행한 삶을 살았다. 반면, Weiner는 Sidis와 비슷한 경제적 배경임에도 불구하고 뛰어난 성취를 하였는데 이 둘의 가장 큰 차이는 제공된 교육과정과 아버지의 양육태도라고 볼 수 있다. 모든 홈스쿨링이 부정적이라고 볼 수 없으나 Sidis의 경우는 또래 집단과의 분리가 보다 부정적인 역할을 하였고 아버지의 지나친 기대와 간섭이 재능의 발현을 방해했다고 볼 수 있다.

또한 대중매체에 지나친 노출 또한 Sidis에게 부정적인 영향을 주었다고 볼 수 있다. 세인과 대중매체의 지나친 관심은 영재의 발달에 도움이 되기보다는 저해요소가 될 수 있다. 특히, 예민하고 자아 강도가 낮은 Sidis와 같은 경우 사회적, 정서적 발달에 큰 해를 입을 수 있다.

Weiner와 Sidis의 사례를 통하여 알 수 있듯이, 아동이 뛰어난 영재성을 가졌더라도 각 아동의 정서적, 사회적 발달을 고려한 교육과정의 제공이 필요하다. 또한 부모의 지지는 매우 중요한 요소임에 틀림없으나 지나친 교육적 압력과 관여는 아동의 독립성 발달을 저해하여 장기적으로 부정적인 결과를 가져온다는 것을 기억할 필요가 있다.

2. 다양하고 세심한 교육 프로그램 제공: Terence Chi-Shen Tao[9)]

Terence Chi-Shen Tao는 홍콩에서 호주로 이민 온 가정에

---

9) Gross(1986, 1992a, 1992b, 2004); 조석희, 박성익, 이미순, 이현주(2006) 참조.

서 태어났으며, 아버지는 소아과 의사이고 어머니도 수학과 물리학에서 뛰어난 인재였다. 부모는 Tao가 만 2세였을 때 뛰어난 지적 능력을 가진 영재임을 알았고 이러한 영재성을 계발시키기 위해 다양한 교육 기회를 제공하려고 노력하였다. 그는 만 3세에 일반아동의 6세에 해당하는 언어와 수학 능력을 보였고 만 3세 6개월에 초등학교에 입학하였다. 그러나 그의 부모들은 Tao가 아직 정서적으로는 초등학생 수준만큼 성숙하지 않아 2년 이상 나이 많은 학생들과 지내는 것이 아직 미숙하다고 판단하여 조기입학을 취소하고 유치원에 재입학시켰다. 유지원에서 1년 반을 생활하였는데 그 기간 동안 그의 어머니가 직접 수학을 가르치고 지도하여 만 5세 이전에 초등학교 수학 과정을 모두 마쳤다.

만 5세에 초등학교 조기입학 후에는 대부분 같은 또래와 일반 정규 학급에서 수업을 받았지만, 교사와 학교심리 전문가의 지지로 수학은 5학년과 같이 공부하는 '특정 과목 속진'을 하였다. 만 6세에는 과목별 학업성취에 따라 다양한 학년의 학생들과 같이 수업을 받았으며, 만 7세에 10학년(우리나라 고1에 해당) 수학을 마쳤다. 만 8세에 12학년(우리나라 고3에 해당) 수학과 11학년(우리나라 고2에 해당) 물리를 공부하였고 나머지 과목들은 8학년(우리나라 중2에 해당)의 과정을 공부하는 등 유연성 있는 속진 프로그램을 받았다. 또한 그는 학업 외에 사회성과 정서 발달을 위하여 같은 나이 또래와 인근의 초등학교에서 동아리 활동을 하며 놀이 시간을 보낼 수 있었다.

Tao는 만 8세에 완전수를 계산하는 BASIC 프로그램을 설계하였으며, 그 해에 호주의 대학 입학시험에 응시하여 수학 I, II에서 상위 10%, 15%에 해당하는 성취를 보였다. 그 다음 해인 만 9세에는 인근 고등학교에서 종일반으로 학교교육을 받기 시작하였다.

그는 고등학교에 조기입학하였지만 나이 많은 학생들과의 생활에도 순조롭게 적응하였고, 고등학교에서도 마찬가지로 각 과목에 따라 각기 다른 학년과정을 수강하였으며, 수학 과목은 대학에서 수강을 시작하였다. 만 10세에는 하루의 1/3가량을 대학에서 수강하면서 대학 수학 2학년 과정과 대학 물리 1학년 과정을 마쳤다.

매우 빠른 속도로 정규 고등학교 과정을 마친 후 대학 입학을 결정할 시기가 되자 Tao의 부모는 그가 대학에 조기입학하는 것이 더 이로울지에 대하여 고민하였다. 그러던 중 두 가지 사건이 일어나 Tao의 대학 진학은 미뤄지게 된다. 첫 번째 사건은 Tao가 호주 수학 올림피아드 대회에서 좋은 성적을 거둘 것이라는 기대와 달리 호주 대표 선발에서 탈락한 사건이었다. 이에 대해 그의 부모는 Tao가 매우 빠르게 정규 교육과정을 좋은 성적으로 마쳤으나, 수학이라는 학문에서 깊이 있는 지식을 배우지 못한 것으로 판단하였다. 따라서 대학에 입학하기 전에 보다 심도 깊은 공부를 하고 이를 내면화하는 훈련이 필요하다고 생각하고 대학 입학을 지연하였다.

대학 입학을 지연하게 만든 또 다른 사건은 미국의 유명 대학을 방문하고 수학자들과 면담한 일이다. Tao의 부모는 아들의 영재성에 대한 유명 수학자들과의 상의를 통하여, 대학 입학 전에 지식을 보다 넓히고 현재까지 받은 교육을 굳건히 하는 것이 중요하다고 생각하여 13세에 대학에 입학할 것을 결정하였다. Tao는 그 기간 동안 또래 집단과의 사회활동 등을 통하여 사회적으로 성숙할 수 있는 기회를 가졌다. 그 이후 Tao는 만 15세에 학사학위를 받았고, 17세에 석사학위를, 21세에 박사학위를 Princeton 대학에서 받았으며, 24세부터 현재까지 University of California-Los Angeles(UCLA)에서 정교수로 재직하고 있다. 또한 2002년 25세에 수학에서 명성 높은 Bocher prize for mathematics를 수상하는 등 많은 학문적 업적을 이루고 있다(Gross, 1986, 1992a, 1992b, 2004).

Tao의 경우 매우 세심하고 신중하게 계획된 속진을 통하여 성공적인 교육을 받았다. 그는 부모의 적극적인 관심과 지혜로운 교육적 개입과 함께 전문가들의 진단과 협력을 통하여 다양한 속진 프로그램과 심화 활동을 선택할 수 있었다. 또한 학업 이외에 발달이 빠르지 않은 체육, 예술 등은 또래 집단과의 활동을 계속함으로써 사회적, 정서적으로 큰 문제없이 성공적으로 적응할 수 있었다.

이는 학업과 속진, 진학, 경력 결정에 대해 교사, 멘터 및 학교 시스템의 지지가 중요함을 시사하며, 특히 부모의 지속적인 지원이 뒷받침되어야 할 필요성을 나타낸다. Tao의 사례는 앞의 Sidis의 사례와 매우 대조되는 면이 있다. Tao의 부모는 무조건적인 빠른 학업성취보다 또래와의 관계와 깊이 있는 지식을 위하여 대학 진학을 지연하였다. 또한 Sidis의 아버지처럼 강압적인 태도가 아니라, 자녀의 발달 속도와 적응을 고려하여 매우 신중히 영재교육을 제공한 것이다.

이 사례를 통해 다양한 교육적 선택을 아동의 인지적 발달뿐 아니라 정서적, 사회적 발달에 맞추어 제공하는 것이 매우 중요함을 알 수 있다. 또한 이러한 교육적 환경을 제공할 수 있는 교육 시스템을 구축하는 것이 우리나라 현실에서 매우 중요한 문제라고 볼 수 있다.

3. 영재교육의 사각지대: 명수[10)]

명수는 집중력과 지구력이 뛰어났고 5세에 스스로 한글을 깨친 후 엄청난 독서량을 보였다. 이후 점차 독서와 관심의 폭과 방향이 수학으로 좁혀졌으며, 수학에서 뛰어난 능력을 보였다. 그러나 초등학교 입학 전까지 공식적인 영재교육기관이 없어, 부모는 우선적으로 명수에게 다양한 영역의 많은 책을 제공하며 자녀의 발달을 지켜보았다. 하지만 초등학교에 입학하면서 부모의 고민이 본격적으로 시작되었다. 입학 시

10) 조석희, 박성익, 이미순, 이현주(2006)의 사례에서 일부 발췌하였고 이름은 가명임. 명수는 그 후 한국수학올림피아드(KMO) 중등부에서 금상을 받았으며, 수학과 물리학에 뛰어난 재능을 보이고 있다.

사칙연산을 이해하는 수준이었던 명수의 학업 속도가 가속화되면서 다양한 수학 서적을 탐독하였고, 9세에는 자연스럽게 고교수학과정을 독학으로 끝마쳤다.

그와 비례해서 명수는 학교생활을 더욱 힘들어 하기 시작했다. 심지어 구토와 두통을 호소했지만, 병원 검사 결과 스트레스 외엔 아무 이상도 찾을 수 없다고 했다.

부모는 명수가 학교생활에 잘 적응할 수 있도록 아이를 타일렀으나, 다른 교육적 대안이 없어 무척 마음 아파했다. 그 무렵 부모는 명수가 신문에 실린 수능 수학시험을 어려움 없이 푸는 걸 보고, 명수에게 학교에 적응하라고 강요하는 것만이 전부가 아니라는 생각을 하였다. 그때부터 명수의 부모는 아이에게 맞는 교육을 시켜 줄 만한 교육기관을 찾아보기 시작했다. 그러나 서울시 초등학생을 대상으로 하는 영재교육기관들은 모두 4학년 이상의 고학년 대상이라서 명수는 교육적 혜택을 받을 수 없었다.

명수는 4학년에 진학하여 응시자격이 되자마자 서울시의 대학부설 영재교육원에 합격하였다. 지루한 학교생활의 괴로움이 영재교육원을 통해 해결되리라고 생각한 기쁨도 잠시였고, 한 학기가 끝나기도 전에 이미 그 수준의 학습을 모두 숙달한 명수는 영재교육에도 크게 실망하였다. 명수는 어른이 보기에도 엄청난 학습량에 희열을 느끼고 대학 수준의 책들을 즐겨 읽는데, 보고 싶은 책들과 하고 싶은 공부를 제쳐 두고 학교에 다니느라 시간을 소비하는 일이 가장 괴롭다고 하소연했다. 부모는 고민 끝에 학교 담임선생님과 아이 수준에 맞는 교육을 위해 조기졸업에 대해 알아보았다. 그 결과, 학교 입장에서는 조기졸업 신청이 불가능하고, 전례가 있는 학교로 전학을 권한다고 하였다. 서류나 업무가 복잡하고 전례가 없기 때문이라는 게 그 이유였다. 물론 전례가 있는 학교를 찾는 일도 부모의 몫이었다. 관할 교육청에 문의했으나, 담당자는 조기졸업에 대해 알지 못했고 학교 재량이니 학교에 문의하라고 했다.

결국 명수의 조기졸업은 불가능하였다. 명수의 부모는 정규 교육과정으로부터의 일탈이 결코 마음이 편하지 않았으나, 학교에 부적응하는 명수를 위하여 검정고시를 알아보기로 했다. 그러나 초등학교졸업 검정고시는 만 12세 이상, 공고일 당시 재적 상태인 경우만 응시 가능하였다. 이는 7세에 입학한 명수의 경우 정상적으로 초등학교를 졸업하는 것보다 오히려 더 더딘 것이었다. 또한 검정고시를 통한 초등졸업자격이나 초등학교 졸업을 하지 않은 상태에서는 고입, 대입을 위한 어떠한 응시자격도 갖지 못하며, 학교의 재학생 외에 검정고시로 학력을 인정받은 자는 어떤 올림피아드(물리, 화학, 생물, 지학, 정보)의 출전 자격도 얻을 수 없고 영재교육원의 응시도 불가능하였다. 검정고시를 택하는 경우는 명수가 도전하고자 하는 어떠한 대회의 문도 열려 있지 않은 것이었다. 그러므로 명수가 검정고시를 택하기도, 또 그나마 검정고시를 치를 나이가 될 때까지 기다리는 일도 수월하지 않은 일이었다.

명수는 부모의 뛰어난 정서적, 교육적 지지를 받았으나, 현재 교육 현황에서는 그의 능력에 맞는 교육과정을 찾기가 힘든 경우다. 대부분의 영재아동의 경우 영재교육원 등에서 운영하는 심화과정이 충분하지만 명수와 같이 고도 영재인 경우는 심화 이외에도 속진 과정이 필요하다. 따라서 교육 시스템이 다양한 영재교육과정을 선택할 수 있도록 보다 유연해지고 해당 전문가들을 배치하여 이러한 영재아동을 위한 전문적인 도움을 줄 수 있어야 할 것으로 보인다.

명수와 같이 심화나 일반 영재교육원의 과정으로 만족하지 못하는 경우 다양한 경진대회가 그 해소점이 될 수 있다. 이러한 과정을 제공하는 것이 영재들의 창의성 발달과 자신의 관심 분야를 꾸준히 지속하는 것에 긍정적 영향을 준다. 또한 이러한 영재들이 학교생활에 흥미를 잃어 저성취 영재로 발전되지 않도록 교육 환경을 제공해야 할 것이다.

4. 지적 연령과 사회적 연령: 상철[11)]

상철은 1985년 교육부가 발굴했던 144명의 신동 중 한 명으로 어릴 때부터 뛰어난 인지적 능력과 학업성취를 인정받

---

11) 조석희, 박성익, 이미순, 이현주(2006)의 사례에서 일부 발췌하였고 이름은 가명임.

으며 많은 기대 속에서 성장하여 과학고등학교에 뛰어난 성적으로 입학하였다. 상철이 과학고등학교를 다니고 있을 때 교육부의 비교 내신제 폐지 발표로 과학고등학교 학생들이 대학 진학에 불리함을 느껴 대거 자퇴하는 사건이 있었고 과학고등학교도 불가피하게 수능 중심이 이루어지고 있었다. 이러한 상황에서 상철은 과학고등학교에서 3년을 공부하고 수능을 거쳐 최고의 대학에 가기보다, 자신이 좋아하는 분야였던 화학을 더 일찍 심도 있게 공부하는 것을 택하여 과학고등학교를 2년 만에 수료하고 수능 없이 입학할 수 있는 대학으로 진학하였다. 결과적으로 상철은 고등학교를 조기졸업하고 대학에 조기입학하였으나, 고등학교 때는 도외시했던 인문, 사회학적인 요소들에 대한 갈증을 느끼면서 그동안 과학만 좁고 깊게만 팠다는 생각을 가졌다. 너무 공부에만 몰두한 나머지 정신적인 성숙 수준이 지적 성숙에 못 미쳤다는 것을 깨닫고 자기 자신을 성숙하게 만들고 싶어 해병대에 자원 입대하였다. 거기서 학교에서는 얻기 힘든 소중한 경험들, 즉 머리 대신 몸을 쓰면서 다양한 배경을 가진 많은 동료들과 어울리는 경험들을 통하여 사회생활에 대한 자신감을 얻었다. 군대에서 복학 후 상철은 뒤늦은 자각을 통해 예전보다 훨씬 몰두하여 공부를 할 수 있었다. 그 결과 상철은 대학 졸업 후 장학금을 지원받아 미국 우수 대학원에서 유학 중에 있다.

상철은 어렸을 적부터 신동으로 불렸으며, 학업적으로나 정서적으로 잘 적응하여 과학고등학교를 조기졸업하고 대학에서 자신이 원하는 분야를 공부하였다. 상철의 사례는 우선 특화된 분야에 집중하여 공부하는 경우 다른 분야에 대한 경험이 상대적으로 부족할 수 있다는 점을 보여 준다. 따라서 조기입학을 거쳐 하나의 과목으로만 집중된 교육을 받는 영재들에게 제한된 지식뿐 아니라 다양한 인문학적, 사회적 지식을 접하고 자신을 성찰하는 기회를 제공하는 것이 필요하다. 또한 상철과 같이 어릴 때부터 과학 한 가지에 몰두하여 고등학교 및 대학에 조기입학하는 경우는 자신의 인생이 어린 나이에 이미 한 방향으로 결정되었다고 느끼는 경우가 많다. 따라서 영재교육에서도 이러한 점을 감안하여 영재아동이 재능 영역 이외의 다양한 분야를 경험할 수 있는 기회를 제공하는 것이 중요하다.

특히 조기졸업 및 조기입학 등 속진은 한 번 결정되면 돌이키기가 어렵고 이에 부적응한 행동을 나타내는 경우가 많으므로 이에 대한 교육적 처치가 이루어져야 한다. 영재아동에 대한 이 같은 적절한 교육적 장치가 있어야 영재아동의 정서적 발달에 도움을 줄 수 있을 것이다.

8 영재아동의 문제 영역에 관한 상담 가이드

뛰어난 재능을 보이며 높은 학업성취를 나타내는 영재아동이라도 여러 가지 문제들을 가질 수 있다. 영재아동들이 가지는 문제점들의 상당 부분은 아동들의 빠른 인지 발달과 고유한 정서적 성향에 기인하며(〈표 15〉 참조), 일반아동들의 문제와 다른 양상으로 나타날 수 있다. 따라서 이러한 영재아동의 고유한 문제에 대한 이해가 필요하다. 이 장에서는 영재아동에 대하여 부모와 교육가들이 가질 수 있는 질문들을 영재성 판별, 교육, 가능한 정서적 문제 등의 세 영역으로 정리하고 이에 대한 답변을 제시하였다.[12]

12) Webb, J. T., Meckstroth, E. A., & Tolan, S. S. (1994); Clark, B. (2002) 참조.

〈표 15〉 영재의 특성과 관련된 문제점

영재의 특성	영재의 특성으로 나타날 수 있는 문제점
• 지적 호기심이 강하다.	• 호기심이 많아 끊임없이 질문한다. • 때로는 누구나 당연하다고 생각하는 문제들이나 아무도 답을 가지지 않은 질문으로 교사나 부모를 당황하게 한다.
• 사고능력이 뛰어나 추상적이고, 복잡한 사고를 좋아한다. • 문제해결력이 뛰어나다.	• 세부적인 것에 무관심하다. • 교사가 반 전체 학생들에게 내주는 반복적 과제를 하지 않으려 한다. • 교사가 가르치는 방법에 대하여 의문을 제시하거나 자신의 방법대로 하려고 한다.
• 비판적 사고력이 뛰어나서 자신과 타인을 비교하며 평가한다. • 자신에 대한 기대 수준이 높다.	• 자기 비판적이다. • 성과가 자신의 기대에 못 미칠 때, 실망하고 우울해 한다. • 지나친 완벽주의 성향을 보일 수 있다.
• 다양한 관심을 가지고 있고 여러 분야에 능력을 나타낸다.	• 다양한 관심 분야를 동시에 다 하려 하므로 주의가 산만하게 보일 수 있다. • 모든 분야에서 기대가 뛰어날 것이라는 타인들의 기대에 대해 아이가 부담을 느낄 수 있다.
• 새로운 문제 상황도 겁내지 않고 해결하려 하며, 다른 사람과 다르게 보이는 것에 대해 신경 쓰지 않는다.	• 다른 아동들이 영재아동을 자신들과는 다른 특이한 아이로 생각한다.
• 진리, 평등, 정의, 공정한 것을 열정적으로 추구한다.	• 비실용적, 비현실적이 될 수 있다. • 인류애적인 문제에 지나치게 걱정하여 다른 아이들의 공감을 얻지 못할 수 있다.
• 관찰력이 뛰어나다.	• 남들이 보지 못한 것을 보고 이야기하며, 관련 없어 보이는 사물에서도 공통성을 찾아 이상하게 여겨질 수 있다.
• 사물과 사람들을 조직화하고 시스템화하기를 좋아한다.	• 게임을 할 때 복잡한 규칙을 만들어 다른 아동들에게 거부당할 수 있다. • 공동체 활동에서 자신이 주도하려고 하여 무례하거나 지배욕이 강한 것처럼 보일 수 있다.

• 집중력이 뛰어나 오랫동안 관심 있는 분야에 몇 시간씩 몰두한다. • 과제를 수행하는 동안은 주위의 사물이나 상황에 영향을 받지 않는다. • 목표 지향적이다. • 문제가 해결되지 않아도 포기하지 않고 끝까지 노력한다.	• 방해받는 것을 싫어한다. • 어떤 일에 집중하는 동안은 다른 것에는 신경을 쓰지 않아 자신이 해야 할 일을 하지 않는다.

1. 영재성 판별 상담

상담 1. 영재교육을 받으면 모든 아동이 영재가 될 수 있습니까?

영재성이란 타고난 잠재력으로 이것을 충분히 계발시켰을 때 우리가 흔히 영재라고 부르는 재능이 나타난다. 선천적인 영재성이 없는 아동이 후천적인 교육을 통하여 영재가 된다고 보기는 어렵다. 또한 선천적으로 아무리 뛰어난 영재성을 가졌더라도 적절한 교육적 환경이 주어지지 않아 타고난 영재성이 계발되지 않는다면 그 영재성은 발현되지 못한다.

그러나 모든 아이들은 매우 다양한 잠재력을 가지고 태어나며 영재를 판별하는 완벽한 방법은 존재하지 않으므로, 영재 판별 검사를 통하여 주어지는 영재교육을 넘어서 모든 아동이 잠재력을 완전히 발현하도록 교육 기회를 주는 것이 중요하다.

상담 2. 전문가와 상담 결과 아동이 영재라고 확인되었는데, 이 사실을 아동에게 말해야 할까요? 아동이 커 가면서 자신이 다른 아이들과 다르다고 느낄 것 같습니다.

아동에게 "너는 재능이 있어."라고 말해 줄 필요가 있다. 만 3~4세가 되면, 아동은 다른 아동들과 자신이 다르다는 것을 인식하기 시작할 것이고, 아동이 학교에 들어갈 무렵 그에 대하여 설명해 줄 필요가 있을 것이다. 그렇지 않으면 아동은 스스로 자신이 다른 아이들과 다른 이유를 생각해 낼 것이고 이런 경우 '다른 아이들이 날 좋아하지 않아' '다른 아이들은 나에게 중요하지 않으니 상관없어' '난 중요한 사람이 아니야'라고 생각할 수 있다. 그러나 아동에게 재능이 있다는 것을 알려 줄 때 '영재'라는 단어를 사용할 필요는 없다. 대신에 "넌 특별해." "넌 이 분야에 재능이 있어." "넌 참 빨리 배우는 능력이 있어." 등의 표현을 대신 사용할 수 있을 것이다. 어떤 표현을 사용하든지 간에, 중요한 것은 반복적으로 '넌 다른 아이들과 다른 재능을 가지고 있고, 이것은 가치 있는 것'이라는 사실을 이야기해 주는 것이다. 또한 다른 사람들이 자신과는 다르지만 서로 인정하고 장점을 배우는 상호 의존성이 중요하다는 것을 반복적으로 알려 줌으로써 아동이 자만해지지 않도록 도와주는 것이 중요하다.

상담 3. 영재 판별 시 지능 지수(IQ)가 가장 중요합니까?

대답은 '아니다'다. 영재는 지적 능력뿐 아니라 다양한 영역에 존재하기 때문에 지능 지수가 영재 판별의 가장 중요한 요소가 되는 것은 아니다. 또한 지적 능력에서 영재성을 측정할 때라도, 우리는 지적 능력을 측정하는 완벽한 도구를 가지고 있지 않다. 만약 지능이 변하지 않고 출생 이후 고정된 것이라면, 이러한 도구가 가능할지도 모른다. 하지만 우리가 흔히 말하는 IQ는 특정한 과제, 특히 학교 학습과 관련된 과제 수행을 통해 확인된 점수일 뿐이다.

상담 4. 영재 판별 검사를 받은 결과 아동에게 영재성이 있다고 말합니다. 그러나 아동의 정확한 IQ 점수를 이야기해 주지 않는데, 정확한 IQ 점수를 알아야 할 필요가 있지 않을까요?

정확한 IQ 점수를 알 필요는 없다. 그러나 영재아동의 지능이 어느 범위 내에 있는지는 확인할 필요가 있다. 만약 영재아동의 지능이 개인 검사를 통하여 'IQ 125~145점' 정도이면 아주 특별한 교육적 조치(예: 속진, 영재학교 입학 등)가 필요하지 않으며, 아동은 학업적으로 매우 뛰어난 성취를 할 수 있는 능력을 가진 것을 의미한다. 만약 IQ 145점을 넘어간다면, 특히 160점을 넘어간다면 특별한 교육적 계획이 필요하다. 고도의 지적 능력을 가진 경우, 아동이 또래들과 다르다고 인식하는 정도도 커짐으로써 특별한 교육적 계획뿐 아니라 정서적, 사회적 지지, 또래와의 관계에 대한 문제도 고려해야 한다. 그러나 전체적인 IQ점수와 상관없이 중요한 점은 지능검사 세부 영역에서의 '특별한 강점과 상대적 약점'을 아는 것이다. 이는 아동에 대하여 보다 현실적인 기대를 하도록 만들며, 또한 아동이 강점을 살리고 약점을 개발하도록 도울 수 있다.

상담 5. 반의 어떤 학생이 영재 판별 검사에서 영재로 판별되지는 않았지만, 제가 보기에 영재의 특성을 많이 나타냅니다. 검사에서 잘못 판단한 것 아닐까요?

영재 판별 검사의 판단이 옳지 않을 수도 있다. 영재성이 있지만, 검사로서 확인되지 않는 상황들이 충분히 가능하다. 따라서 여러 가지 방법으로 영재성이 있다고 생각하는 근거들을 확인해야 할 것이다. 아동의 능력을 또래의 아동과 비교해 볼 필요가 있다. 아동의 발달 단계와 발달 지표에 대한 책들을 참조하고 전문가와 상세히 이야기해 보고, 다른 교사들, 특히 영재 교사 및 영재아동의 부모들과도 대화를 해 보라. 또한 다른 기관이나 교육심리학자로부터 영재성을 다시 한 번 평가받을 수도 있다.

상담 6. 아동의 학업 능력 검사 점수를 보면 아동이 현재 실제 성취보다 2학년 위의 능력수준을 가지고 있다고 합니다. 하지만 아동은 매우 낮은 성적을 보입니다. 학업 능력 검사를 믿어야 하나요? 아니면 성적표를 믿어야 하나요?

성취를 위한 것이라면, 학업 능력 검사 점수를 믿는 것이 좋다. 아동이 학급에서 높은 시험 점수를 보여 주지 못한 것에는 몇 가지 이유가 있을 수 있다. 아동이 시험 점수는 중요하지 않다고 생각했거나, 또는 선생님이나 부모와의 관계에 어떤 문제가 있었을 수도 있다. 특히 10대에는 독립성에 대한 열망이 크기에 자신이 상황을 통제하고자 하여 부모 및 교사와의 공부에 대한 압력과 기대에 일부러 부응하지 않으려 할 수 있다. 또한 능력에 비하여 학교 공부가 지루하여 흥미가 없을 수도 있다. 이 경우는 정서적 상태, 학교생활에 대한 이야기를 들어보고 이에 상응하는 교육적 조치를 해 준다면, 아동은 시험 점수를 점차적으로 향상시킬 것이다.

2. 교육 상담

상담 1. 영재에게 어떤 종류의 교육을 제공해야 하나요?

영재아동에게 적합한 교육에는 일괄적이고 공통적인 교육방법이 존재하지 않고, 아동의 요구에 맞게 여러 가지 교육적 선택을 제공하는 것이 가장 중요하다. 이를 위해 아동의 학업적 장점을 평가하여 교육과정을 압축하고, 다양한 속진과 심화 과정을 제공할 수 있다. 이러한 교육과정은 보다 복잡하고 추상적인 내용으로 구성되어 영재아동의 지적 호기심을 충족시킬 수 있어야 하고 상위의 사고 기능과 창의력을 자극할 수 있어야 한다.

상담 2. 왜 영재만 특별한 교육을 받아야 하나요? 영재교육은 모든 아동에게 유익한 것 아닌가요?

영재교육이 모든 아동에게 유익한 것은 아니다. 장애아동에게 특수교육이 필요한 것과 마찬가지로 영재아동은 특수한 교육적 요구를 가졌고 이를 충족시키기 위한 교육이 영재교육이다. 물론 영재교육에서 중요한 요소인 창의성, 상위의 사고력, 정서 교육 등은 일반아동에게도 필요하며, 이는 일반 교육과정에 포함되어 영재아동뿐 아니라 일반아동에게도 유익하게 교육될 수 있다. 그러나 영재교육의 경우 그 또래 아동보다 복잡하고 추상적인 교육 내용을 포함하는 등, 다른 일반아동에게는 적합하지 않은 교육 내용을 포함하는 경우가 많다. 따라서 영재교육의 모든 내용이 일반아동들에게도 적합하다고 볼 수 없다.

상담 3. 아동이 어리지만 배우는 속도가 매우 빠릅니다. 초등학교에 조기입학하거나 월반하는 것이 어떨까요?

학업적 영재아동의 절반 이상이 취학 전에 스스로 글을 읽는다. 어떤 아동은 만 2세 때 읽기도 하며, 대다수는 만 4세쯤에 글을 읽을 수 있다. 이러한 점에서 영재아동의 부모들이 조기입학 등의 속진을 생각하는 것은 충분히 이해할 만하다. 이를 추천할지에 대한 대답은 "속진의 여부는 아동의 정서적 성숙성과 제공되는 교육 제도에 달려 있다."라는 것이다. 대다수의 영재아동들은 어렵지 않게 조기입학이나 한 학년 월반을 할 수 있으나 이에 아무런 문제가 없다는 것은 아니다. 만약 아동이 학급에서 가장 작다면, 이와 관련하여 같은 반 학생들이 그를 어떻게 받아들일지에 대한 문제가 있을 수 있고, 또 10대가 되었을 때 다른 아이들이 모두 먼저 사춘기를 경험할 때 동일한 경험을 하지 않는 점도 문제가 될 수 있다. 따라서 속진에 대해서 교육 및 학교 심리 전문가와 아이의 인지적, 정서적, 사회적 성숙도를 충분히 상담하고 신중히 결정하여야 한다.

상담 4. 영재아동은 영재아동들끼리 구성된 특수반에서 공부하는 것이 좋을까요? 아니면 일반아동과 같이 지내는 것이 좋은 가요?

사실상 아동에게 특수반과 정규반을 함께 운영하는 것이 더 많은 장점을 가질 수 있다. 중요한 점은 최대한 엄격하지 않은 환경을 만들어 주는 것이다. 각각의 아동은 다른 요구를 가지고 있으며, 어디에 속해야 할지에 대한 결정도 이러한 다양한 요구에 따라 다르다. 이러한 요구에서 '특별반이 무엇을 제공해 주고 있는지' '정규반을 통해 무엇을 얻을 수 있는지'를 판단해야 한다. 따라서 아동의 개별적 요구에 근거하여 어떤 과목은 특수반에서, 또 다른 과목은 일반 반에서 보내는 것이 좋을지, 혹은 전일제로 영재아동과만 지내는 것이 더 교육적인 효과가 있을 수 있는지를 고려하여 결정되어야 한다. 이러한 결정에는 교사의 경험, 부모의 열의와 학교 제도 및 자원

역시 고려되어야 한다. 또한 학생들의 정서와 사회적 성숙도를 평가하고 학생 당사자의 의견을 반영하는 것이 매우 중요하다.

상담 5. 아동이 영재라고 판별되었지만 학교 공부를 지루해 하고 공부하고 싶어 하지 않습니다. 더욱이 학교에 있는 것도 싫어한다면 어떻게 해야 할까요?

이러한 일이 발생했다면 그것은 아동이 처한 환경에 문제가 있는 것이다. 아동에게 문제가 있다고 생각하지 말라. 따라서 교사와 부모는 아동에게 주어진 학습 환경, 학습 내용, 아동의 정서적, 성격적 특성에 맞지 않는 부분이 있다는 것을 이해하고 그 원인을 찾아야 한다. 이럴 경우는 교사, 부모와 아동이 함께 만나 이야기하는 것이 중요하다. 적어도 아동이 자신의 입장을 말하게 하고, 학교가 싫은 이유와 어떻게 해결할지에 대하여 스스로 생각하고 이야기하도록 한다. 이에 따라 교사와 부모가 생각하기에 도움이 될 수 있는 계획을 세우고, 가능하다면 아이가 처한 환경을 변화시킬 수 있는 방법을 제공하는 것이 좋다. 이러한 계획을 아동에게 알려 주어 아동이 그러한 계획에 동의하는지와 그에 동참할지를 결정하게 하며, 그러한 결정의 결과를 이해하도록 만들어야 한다. 무엇보다도 중요한 것은 이러한 상황이 장기간 지속되어서는 안 된다는 것이다. 능력은 뛰어나지만 학교를 지루해 하고 공부하기 싫어하는 것은 영재아동의 저성취로 발전될 수 있으며 이는 발생 후에 교정하기 힘들다. 아동에 대한 이해와 정보의 부족으로 나타난 증상이 이후에 심각한 문제로 발전될 수도 있을 것이다.

상담 6. 현재 학교는 영재아동을 위한 특별한 교육을 실시하지 않습니다. 어떻게 해야 할까요?

대부분의 학교는 영재아동을 위한 프로그램을 별도로 제공하지 않는다. 대부분은 영재아동에게 일주일에 한 번 정도, 같은 연령대의 비슷한 수준의 아동에게 심화학습을 제공한다. 따라서 정규 학교에서 영재아동에게 적합한 프로그램을 제공할 수 있도록 담당 교사와 상의하고 조금이라도 영재아동을 위한 변화가 있도록 노력하라. 만약 학교 차원에서의 프로그램 제공이 불가능하다면 별도의 교육적 대안들을 생각해야 한다. 해당 시도 교육청의 영재교육원 또는 대학 부설 영재교육원에 문의하고 적합한 교육 프로그램을 찾는 것이 중요하다.

상담 7. 아동이 매우 똑똑하여 스스로 마음을 먹는다면, 모두 최고의 점수를 받을 수 있을 것입니다. 그러나 공부를 열심히 하지 않습니다.

아동이 높은 성취를 보이지 않는 것은, 비록 당신은 높은 성취가 중요하다고 생각할지라도, 아동은 스스로 그것이 중요하다고 생각하지 않기 때문이다. 무엇보다도 아동에게 '학교에서의 공부는 너의 선택이고 너의 책임이다. 나는 네가 잘해낼 것이라고 믿는다.'는 것을 알려 주고 학업에 대하여 가치를 부여하도록 도와주는 것이 중요하다. 사실상 아동이 원하지 않으면 좋은 성적을 낼 수 없기에 교사나 부모에게는 통제권이 없다. 따라서 아동에게 좋은 성적을 가져오라고 강요하기보다 아동이 학교생활에서 문제라고 인식하고 있는 것에 대해 돕기 위해 아동에게 필요한 자원이나 사람을 제공해 줄 필요가 있다.

아동이 학습동기가 없다면 아동이 흥미 있는 주제부터 시작하여, 여기에서의 흥미를 다른 과목 분야로 연결하도록 돕는 것이 좋다. 예를 들어, 아동이 수학이나 과학에는 흥미가 있으나 국어에는 관심이 없다면 과학 소설을 써 보게 하는 등, 흥미 분야의 강점을 다른 분야로 확대시키도록 한다.

3. 정서적 문제

상담 1. 아동이 자기 세계에서만 사는 것 같습니다. 교사나 부모가 원하는 것이 무엇인지 상관하지 않는 것처럼 보입니다.

아동에게 그가 하는 일이 교사나 부모에게도 의미 있음을 느끼도록 하는 것이 중요하다. 그가 하는 일이 당신에게 중요한 의미를 가진다는 것을 아동이 느끼길 원한다면, 아동과 교사 및 부모 사이에 존재하는 눈에 보이지 않는 거리에 다리를

놓을 필요가 있다. 또한 아동의 능력을 믿고 아동 스스로 보여 줄 수 있도록 기다려 주는 것이 필요하다. 이때 당신은 아동에게 '네가 하는 일은 가치 있는 것'이라는 사실을 전달하도록 하는 것이 필요하다.

상담 2. 아동이 어른들도 무심히 지나가고 해답도 모르는 철학적, 종교적, 윤리적 주제에 대하여 심각히 생각합니다. 더구나 그 주제에 대하여 깊이 생각하지 않고 이해가 없는 사람들을 싫어합니다.

그것은 아동에게 매우 스트레스적인 상황일 수 있다. 어른들에게도 버거운 철학적, 종교적, 윤리적 문제는 아무리 영재아동이라 하더라도 힘든 주제다. 아동이 그러한 심각한 주제를 유머와 다양한 관점으로 조화롭게 다루는 것을 배울 수 있도록 하는 것이 중요하다. 영재아동들은 그 문제를 다르게 보는 사람들을 이해하고 해결책을 찾아야 한다. 그렇지 않으면 아동에게 스트레스가 축적될 것이고, 자신과 대화할 수 있는 사람이 없다고 느낄 수도 있다. 아동에게 활동적인 흥미를 개발할 수 있도록 격려하여 안정을 취할 수 있도록 해야 한다. 감정적 성숙과 인지적 능력을 혼돈해서는 안 된다.

상담 3. 아동이 다른 아이들을 잘 참아 주질 못합니다. 아동이 예민하지 않고 좀 더 관대해지도록 돕기 위한 방법은 무엇일까요?

영재아동은 다른 아동도 자신만큼의 인지 수준을 가져야 한다고 여길 수 있으며 따라서 자신과 동일한 능력을 보이지 못하면 짜증스러워 할 수 있다. 이때 일반아동들이 악의에서 혹은 일부러 이해하지 않는 것이 아니라는 것을 깨닫게 해 주는 것이 도움이 된다. 또한 대부분의 사람들은 자신들이 사는 방식이 있고, 모든 사람이 각자의 가치가 있다는 것을 알게 하는 것이 중요하다. 이러한 것은 영재아동에게 인간의 삶의 가치에 대한 의문을 제기하여 깨닫게 할 수 있다.

다음은 이러한 아동에 대한 예다. 담당 교사는 다윈의 진화 이론 중에서 부적합한 생물은 퇴화하고 가장 적합한 생물만 살아남는 '적자생존의 법칙'이 히틀러가 유태인을 대학살할 때 정신적으로 부적합한 사람을 퇴화시킨다는 자기 합리화로 사용되었던 것을 이야기했다. 이 이야기를 듣는 영재아동들은 뛰어난 과학자의 개념이 잘못 적용된 사실에 두려워할 것이다. 이때 교사와 부모는 이 세상에는 더 적합한 사람도 덜 적합한 사람도 없는 것처럼 영재성을 덜 가진 사람도 똑같이 가치 있으며, 인내와 존경을 받을 가치가 있다는 점에 대해 이야기해 주어야 한다. 따라서 자신을 잘 이해하지 못하는 사람들에게도 예의와 관용으로 대해야 한다는 것을 알려 준다. 이것은 인간의 특성에는 지능이나 재능 이외에도 가치 있는 다양한 특성이 있다는 것을 알게 해 주어 아이의 관용을 유도한 예라 할 수 있다.

상담 4. 아동이 항상 권위에 도전적이고, 다른 아이들과 다르게 보이고 싶어 합니다. 다른 아이들이 우리 아이를 싫어하여 '집단 따돌림'을 한다든지 하여 아이가 학교를 그만둘까 봐 걱정됩니다.

권위에 도전하는 것은 영재아동들, 특히 10대에게 나타나는 흔한 증상이다. 하지만 '항상'이라는 점은 문제로 볼 수 있을 것이다. 이러한 상황에서 당신은 아동이 그런 행동을 할 때 나타나는 '당연한 결과'에 대해 알려 줄 필요가 있다. 당신은 '그렇게 네가 행동하면 너에게 어떤 해가 올 것인지'를 보여주고, 그것에 대해 함께 고민하고, 영재아동의 감정을 받아주는 과정을 통해 아이를 도와줄 수 있다. 만약 아이가 "예의 바를 필요가 없다."고 말하면, 우선 당신은 아이에게 그것을 강요할 수는 없다고 말해 준다. 하지만 예의 없는 행동이 가져오는 결과를 알려 줄 필요는 있다.

예를 들면, 시간을 정해서 학급이나 가족 간에 예절을 없애고 생활한 후 나타나는 부정적인 결과들을 경험하게 한다. 그 후 학급이나 가족 관계에서의 예절, 나아가 인간 사회에서의 전통적 예의범절, 법 등이 없을 때 자연스럽게 나타날 수 있는 결과들을 토의한다. 이러한 과정을 통해 아이가 실제 돌이킬 수 없는 행동을 한 후 결과를 깨닫기보다는, 그의 내면에서 전통(예의)의 목적과 이유를 이해할 수 있도록 도와준다.

영재 부모와 교사들이 해야 할 일들과 하지 말아야 할 일들

해야 할 일들	하지 말아야 할 일들
• 아동의 질문에 인내심을 가지고 잘 대답해 주기 • 아동이 흥미를 가지고 있는 분야에 대해 지원하여 주기 • 아동의 인지 및 학업뿐 아니라 신체 및 대인관계 발달에도 관심을 갖기 • 아동이 영재가 아닌 다른 아이들과도 시간을 보내도록 돕기 • 아동에게 '공부를 잘해서가 아니라 있는 그대로 사랑한다.'는 표현을 자주 하기 • 아동에게 일반적인 칭찬이 아니고 구체적인 부분에 대해 칭찬하기 • 아동이 스스로 좋은 텔레비전 프로그램이나 책을 고를 수 있도록 도와주기 • 아동의 재능을 계발할 수 있는 자료, 책, 공간을 제공하기 • 아동의 취미나 아동이 좋아하는 활동에 같이 참여하기 • 아동이 관심을 가지고 있는 분야의 유명한 곳이나 사람들을 만나게 하기 • 아동이 스스로 계획을 하거나 결정을 할 수 있도록 도와주기 • 아동의 성장에 따라 자율권을 부여하기 • 아동이 자신의 재능을 본인의 이익보다 사회적으로 유용하게 사용하도록 가르치기 • 아동이 교육적, 그리고 직업적으로 높은 목표를 갖도록 격려하기 • 아동에게 특정 직업을 강요하지 않고, 아동이 가능한 많은 직업에 대해 배울 수 있도록 도와주기	• 공부에 과도한 스트레스를 주지 않기 • 아동의 능력 범위보다 너무 높은 목표를 달성하도록 부담 주지 말기 • 아동이 많이 아는 것을 타인에게 과도하게 자랑하게 하지 말기 • 아동이 영재이므로 특별한 대우와 교육을 받아야 한다는 특권 의식을 가지지 말고, 모든 아동이 자신에게 적합한 교육을 받아야 한다는 사실을 강조하기 • 아동을 대중매체에 과도하게 노출하지 말기 • 아동의 재능을 통해 경제적인 도움을 얻으려 하지 말기 • 아동에게 너무 엄격한 선생님처럼 행동하지 말기 • 모든 일에 항상 아동이 영재같이 잘할 것을 강요하지 말기(영재아동들도 어린 아이처럼 행동하고 싶을 때가 있다) • 모든 일에 칭찬하지 말고 정말 잘한 일에 대해서 칭찬하기 • 부모나 교사 자신이 아동보다 모르는 분야가 있다는 것과 부모 및 교사보다 더 많은 정보를 제공할 수 있는 사람이 있다는 것에 대해 인정하는 것을 꺼리지 말기 • 아동에게 학교에 대한 불만족을 표현하지 말기(아동은 부모나 교사의 태도 때문에 학교에 대한 부정적인 태도를 가질 수 있다.)

• 부모 및 교사 자신이 모범이 되기 • 아동들이 자신의 세계에만 너무 빠져 현실감을 잃지 않도록 도와주기 • 가정 안팎에서 사람들이 서로 다를 수 있다는 다양성을 받아들이도록 도와주기 • 영재에 대한 지식을 많이 가진 상담사나 교사를 알아 두기	

부록

영재성 체크 리스트[13)]

■ 아동이 아래의 행동을 얼마나 자주 나타내는지 표시하세요.

행동 혹은 특성	거의 없음 (1점)	가끔 그렇다 (2점)	자주 그렇다 (3점)	항상 그렇다 (4점)
1. 복잡한 질문이나 과제가 주어졌을 때, 그것을 무조건 풀기보다 먼저 생각할 시간을 가진다.				
2. 이미 알고 있는 것과 새로운 지식을 연결하여 보고 새로운 정보를 다른 맥락, 과세 및 환경에 적용시켜 본다.				
3. 새롭거나 복잡한 정보가 주어졌을 때, 주의 깊게 살펴보며 집중력이 높다.				
4. 많은 양의 정보를 쉽고 정확히 기억한다.				
5. 학교 가는 것을 좋아한다.				
6. 대부분의 활동에 열의를 가지고 참여한다.				

13) Rogers(2002)의 문항을 번안한 것으로, 이것은 미국 아동을 대상으로 한 연구결과에 기초한 내용이므로 한국 상황에서는 다소 차이가 있을 수 있다.

행동 혹은 특성	거의 없음 (1점)	가끔 그렇다 (2점)	자주 그렇다 (3점)	항상 그렇다 (4점)
7. 문제 상황에 대하여 질문이 많고, 문제 상황을 변화시켜 보려 하며, 문제의 모순 등을 찾아내고 이를 개선시키는 아이디어를 제안한다.				
8. 추론을 통하여 개념을 일반화하며 복잡한 문제를 쉽게 요약하며 타당한 결론을 내린다.				
9. 자신이 흥미를 가진 분야를 지속적으로 추구하고, 자기주도적으로 과제를 수행한다.				
10. 자신의 흥미 분야에서 생긴 호기심을 만족시키기 위하여 쉬지 않고 답을 추구한다. 사물에 대해 '왜' '어떻게'라는 질문을 끊임없이 한다.				
11. 사물을 잘 관찰하고 세밀하게 파악한다.				
12. 예술이나 자연의 아름다움을 잘 평가하고 감상한다.				
13. 남의 의견에 따르기보다 스스로 생각하고 자신의 생각대로 실천한다.				
14. 타인의 생각이나 감정을 쉽게 이해하고, 타인의 부정적 행동에 쉽게 상처받는다.				
15. 자신의 생각을 자유롭게 표현하고 자신이 부여한 가치에 따라 행동한다.				
16. 슬프고, 부정적이거나 가슴 아픈 사건들에 대하여 민감하게 공감한다.				
17. 자신의 활동을 계획하고, 조직하며, 결과를 평가한다.				
18. 새로운 정보를 빠르게 배우고, 서로 관련 없는 정보도 빨리 회상한다.				
19. 또래에 비하여 말하기와 읽기를 빨리 시작하였고, 언어 학습이 빠르고 다양한 어휘를 사용한다.				
20. 타인의 행복을 고려하고 인정이 많으며, 정의나 공정성을 중시한다.				
21. 자기 자신의 실수에 대하여 웃을 수 있고, 순간순간의 즐거움을 만끽하며, 숨겨진 의미를 민감하게 파악한다.				

행동 혹은 특성	거의 없음 (1점)	가끔 그렇다 (2점)	자주 그렇다 (3점)	항상 그렇다 (4점)
22. 자신의 감정이나 사고를 잘 이해하고 받아들이며 현실적으로 자신을 잘 파악한다.				
23. 특정 영역이나 과목에 대한 집중, 높은 동기와 뛰어난 기술을 가졌다.				
24. 자신의 능력을 의심하고, 또래에 비해 자아 개념이 낮다.				
25. '최고'를 향한 욕구, 전문가로서 인정받고 싶은 욕구가 높으며, 자신이 재능이 있는 분야에 대하여 통달하고 싶어 한다.				
26. 과제가 주어졌을 때 어려워도 끝까지 완성하고자 한다.				
27. 사물과 현상의 복잡하고 세부적인 사항을 고려하고 함축적 의미를 찾는다.				
28. 팀으로 하는 과제에서 자신의 생각을 주장하며 영향력을 발휘한다.				
29. 어떤 과목은 매우 뛰어나지만 다른 과목들은 그렇지 않다.				
30. 사물과 현상을 다양한 관점에서 바라보며, 다양한 사고와 관점을 적응적으로 잘 받아들인다.				
31. 자신을 둘러싼 환경을 보다 자신에게 적합하게 바꾸며, 자신의 흥미나 요구에 맞게 과제를 바꾸려고 교사나 부모와 협상한다.				
32. 정신적, 감정적, 신체적인 위험이 뒤따르는 모험을 쉽게 택한다.				
33. 혼란스러운 내용이나 풀 수 없을 것같이 비구조화된 과제를 접하여도 당황하지 않고 편안하게 느낀다.				
34. 자신의 의지대로 결과를 만들 수 있다고 느끼며, 자신의 능력에 대해 긍정적이다.				
35. 성공이나 실패를 자신의 노력이나 능력으로 귀인한다.				
36. 쉽게 많은 아이디어를 생산한다.				
37. 문제 해결에서 독창적인 방법을 사용하며, 비범하고 특별한 결과물을 산출한다.				

행동 혹은 특성	거의 없음 (1점)	가끔 그렇다 (2점)	자주 그렇다 (3점)	항상 그렇다 (4점)
38. 상상력이 많아 사물과 현상에 대하여 자유롭게 상상하고 생생하게 표현하며, 기발한 통찰력을 보인다.				
39. 신체를 사용하여 자신을 표현하는 것을 즐긴다.				
40. 많은 활동을 수행하는 데 필요한 활력과 정열을 가졌다.				
41. 목표를 달성하기 위하여 필요한 과제를 작은 단위로 순차적으로 세우며 분석적이다.				
42. 복잡하고 많은 정보를 빠른 속도로 훑어보며 중요한 정보를 쉽고 정확하게 파악한다.				
43. 거리 및 공간 지각이 뛰어나 공간 속에서 자신과 사물이 있는 방향을 쉽게 지각한다.				
44. 타인들이 좋아하고 어울리고 싶어 하는 아이다.				
45. 타인의 관심과 생각을 이해하려고 하며, 마음이 따뜻하다.				
46. 신체 동작이 능숙하고 균형 잡혔으며 스포츠에 능숙하다.				
47. 사회적으로 성숙하여 타인과 잘 지내며 타인의 요구에 민감하다.				
48. 활기차고, 항상 얼굴에 만족감이 가득하다.				
49. 자신의 감정을 잘 통제하며, 자신의 감정을 남들이 받아들일 수 있는 방법으로 적절히 표출한다.				
50. 일상에서 겪는 일반적인 좌절과 실망스러운 결과들에 잘 대처하고, 변화에 적응적이다.				
51. 인지적, 언어적, 시각적 사물들에서 쉽게 공통점과 차이점을 찾아낸다.				

위의 체크 리스트에서 각 문항의 점수를 5개의 영역으로 나누어 그 평균 점수를 구한다. 각 영역에서 평균 점수가 2.67~3.33이면 그 영역에서 아동의 강점이, 3.34~4.00이면 그 영역

에서 영재성이 있는 것을 나타낸다. 그러나 이는 미국 아동을 대상으로 한 연구결과에 기초한 내용이므로 한국 상황에서는 다소 차이가 있을 수 있다.

척도	해당 문항	총점	평균
지적 능력	1-22		/22 =
학업적 영역	2, 4-6, 9-10, 13, 15, 17-18, 23-29		/17 =
창의적 사고	2, 6-7, 9-10, 12-13, 15-16, 17, 21-22, 27, 29, 30-40		/25 =
리더십	6-7, 9-11, 14, 16, 17, 20-22, 27-28, 31, 40-51		/26 =
예술	2-4, 9, 12-13, 16-17, 23-27, 29, 32, 38-39, 51		/18 =

|참고문헌|

교육인적자원부(2007a). 2007년 시·도교육청 영재교육 시행계획, 2007년 11월 31일 인용. http://www.nhrd.net/nhrd-app/jsp/tre0202.jsp?sSeq=20070421

교육인적자원부(2007b). 제2차 영재교육진흥종합계획('08-'12), 2007년 12월 25일 인용. http://www.moe.go.kr/main.jsp?idx=0306010101

김홍원, 조석희, 정현철(2003). 교육청영재심화교수-학습자료개발연구(Ⅰ). 서울: 한국교육개발원.

신종호(2003). 영재아동의 심리특성과 창의성 계발 교육. 대구교육, 37, 34-41.

신종호, 권희경(2004). 읽기이해과정을 구성하는 하위인지능력에 대한 개인차 연구. 교육심리연구, 18(1), 197-218.

신종호, 서정희, 최재혁, 김용남, 김윤근, 이현주(2007). 사고유형에 따른 영재아동과 일반아동의 학습 선호 활동의 차이 연구. 초등과학교육, 25(5), 495-506.

전경원(1999). 유아종합창의성검사. 서울: 학지사.

정원식, 이영덕(1993), 표준화 창의성 검사 실시 요강 및 규준. 서울: 코리안 테스팅 센터.

조석희, 박성익, 이미순, 이현주(2006). 조기진급 및 조기졸업 활성화 방안. 서울: 한국교육개발원.

조석희, 정현철, 표성수(2005). 2005년도 교육청 영재 심화 교수-학습자료: 나는 통계 신문 기자. 서울: 한국교육개발원

조석희, 최영표, 김양분(1994). 속진제의 효율적인 운영방안 연구. 서울: 한국교육개발원.

Alvino, J. (1985). *Parents' Guide to Raising a Gifted Child: Recognizing and Developing Your Child's Potential.* New York: Ballantine Books.

Bruns, J. H. (1992). *Can but they don't.* New York: Viking Penguin.

Charlton, J. C., Marolf, D. M., & Stanley, J. C. (1994). Follow-up insights on rapid educational acceleration. *Roeper Review, 17*, 123-130.

Colangelo, N., Assouline, S. G., & Gross, M. U. M. (Eds.) (2004). *A nation deceived: How schools hold back America's brightest students.* Iowa City, IA: The University of Iowa.

Colangelo, N., Assouline, S. G., & Lupkowski-Shoplik, A. E. (2004). Whole-grade acceleration. In N. Colangelo, S. G. Assouline, & M. U. M. Gross (Eds.), *A nation deceived: How schools hold back America's brightest students* (Vol. II, pp. 77-86). Iowa City, IA: The University of Iowa.

Davis, G. A., & Rimm, S. B. (2004). *Education of the gifted and talented* (5th ed.). Boston: Allyn and Bacon.

Diaz, E. I. (1998). Perceived factors influencing the academic underachievement of talented students of Puerto Rican descent. *Gifted Child Quarterly, 42*, 105-122.

Dowdall, C. B., & Colangelo, N. (1982). Underachieving gifted students: Review and implications. *Gifted Child Quarterly, 26*, 179-184.

Eccles, J. S. (2007). Where are all the women? Gender differences in participation in physical science and engineering. In S. J. Ceci & W. M. Williams (Eds.), *Why aren't more women in science?* (pp. 199-210). Washington DC: American Psychological Association.

Eccles, J. S., Adler, T. E., Futterman, R., Goff, S. B., Kaczula, C. M., Meece, J. L., & Midgley, C. (1985). Self-perceptions, task perceptions, socializing influences and the decision to enroll in mathematics. In S. F. Chipman, L. R. Brush., & D. M. Wilson (Eds.), *Women and mathematics: Balancing the equation* (pp. 95-122). Hillsdale, NJ:

Erlbaum.

Feldhusen, J. F. (1986). A conception of giftedness. In R. J. Sternberg & J. E. Davidson (Eds.), *Conceptions of giftedness* (pp. 112–127). Cambridge: Cambridge University Press

Feldhusen, J., Hansen, J., & Kennedy, D. (1989). Curriculum development for GCT teachers. *Gifted Child Today, 12*(6), 12–19.

Ford, D. Y. (1996). *Reversing underachievement among gifted black students.* New York: Teacher's College Press.

Gagné, F. (1985). Giftedness and talent: Reexamining a reexamination of the definitions. *Gifted Child Quarterly, 29*, 103–112

Gagné, F. (2003). Transforming gifts into talents: The DMGT as a developmental theory. In N. Colangelo & G. A. Davis (Eds.), *Handbook of gifted education* (3rd ed., pp. 60–74). Boston: Allyn and Bacon.

Gagné, F. (2005). From gifts to talents. In R. Sternberg & J. Davidson (Eds.) *Conceptions of giftedness* (2nd, pp. 98–119). New York, NY: Cambridge University Press.

Ganapole, S. J. (1989). Designing an integrated curriculum for gifted learners: An organizational framework. *Roeper Review, 12*(2), 81–86

Gardner, H. (1983). *Frames of mind: The theory of multiple intelligences.* New York: Basic Books.

Gardner, H. (1993). *Multiple intelligences.* New York: Basic Books.

Gardner, H. (1999). *Intelligence reframed: Multiple intelligences for the 21st century.* New York: Basic Books.

Gross, M. M. (2000). Exceptionally and profoundly gifted students: An underserved population. *Understanding Our Gifted, 12*, 3–9.

Gross, M. U. M. (1986). Radical acceleration in Australia. *Gifted Child Today, 9*, 2–11.

Gross, M. U. M. (1992a). The early development of three profoundly gifted children of IQ 200. In P. S. Klein & A. J. Tannenbaum (Eds.), *To be young and gifted* (pp. 94–138). Norwood, NJ: Ablex Publishing Press.

Gross, M. U. M. (1992b). The use of radical acceleration in cases of extreme intellectual precocity. *Gifted Child Quarterly, 36*, 91–99.

Gross, M. U. M. (2004). Radical acceleration. In N. Colangelo, S. G. Assouline & M. U. M. Gross (Eds.), *A nation deceived: How schools hold back America's brightest students* (Vol. 2, pp. 87–96). Iowa City, IA: The University of Iowa.

Jellen, H., & Urban, K. (1986). The TCP–DP: An instrument tha tcan be applied to most age and ability groups. *Creative Child and Adult Quarterly, 3*, 138–155.

Kaplan, S. N. (1974). *Providing programs for the gifted and talented.* Ventura, CA: Office of the Ventura County Superintendent of Schools.

Kulik, J. A. (2004). Meta–analytic studies of acceleration. In N. Colangelo, S. G. Assouline, & M. U. M. Gross (Eds.), *A nation deceived: How schools hold back America's brightest students* (Vol. 2, pp. 13–22). Iowa City, IA: The University of Iowa.

Kulik, J. A., & Kulik, C. C. (1984). Effects of acceleration on students. *Review of Educational Research, 54*, 409–425.

Lewis, M., & Louis, B. (1991). Young gifted children. In N. Colangelo & G. A. Davis (Eds.), *Handbook of gifted education* (pp. 365–381). Boston, MA: Allyn and Bacon.

Louis, B. (1990). Giftedness: New directions in the study of stability. *Infant Behavior and Development, 13,* 491.

Lubinski, D. (2004). Long–term effects of educational acceleration. In N. Colangelo, S. G. Assouline, & M. U. M. Gross (Eds.), *A nation deceived: How schools hold back America's brightest students* (Vol. II, pp. 23–37). Iowa City, IA: The University of Iowa.

Maker, C. J. (1983). Quality education for gifted minority students. *Journal for the Education of the Gifted, 6*, 140–153.

Marland, S. P. (1972). *Education of the gifted and talented* (Report to the Congress of the United States by the U.S. Commissioner of education). Washington, DC: U.S. Government Printing Office.

Meeker, M., & Meeker. R. (1982). *Structure of Intellect Learning Abilities Test: Evaluation, leadership, and creative thinking*. El Segundo, CA: SO1 Institute.

Montour, K. M. (1976). Three precocious boys: What happened to them? *Gifted Child Quarterly, 20*, 173–179.

Montour, K. M. (1977). William James Sidis: The broken twig. *American Psychologist, 23*, 265–279.

Noble, K. D., & Smyth, R. K. (1995). Keeping their talents alive: Young women assessment of radical, post-secondary acceleration. *Roeper Review, 18*, 49–55.

Piirto, J. (1999). *Talented children and adults: Their development and education* (2nd ed). Columbus, OH: Prentice Hall/Merrill

Porter, L. (2006) *Gifted Young Children: A guide for teachers and parents* (2nd ed.). Milton Keynes: Open University Press.

Pressey, S. L. (1949). Educational acceleration: Appraisal of basic problems. *Bureau of Educational Research Monograph,* No. 31. Columbus, OH: The Ohio State University Press.

Ramos-Ford, V., & Gardner, H. (1997). Giftedness from a multiple intelligences perspective. In N. Colangelo & G. Davis (Eds.), *Handbook of gifted education* (2nd ed.). Needham Heights, MA: Allyn & Bacon.

Reis, S. M., Burns, D. E., & Renzulli, J. S. (1992). *Curriculum Compacting: The Complete guide to modifying the regular curriculum for high ability students.* Mansfield Center, CT: Creative Learning Press.

Reis, S. M., & McCouch, D. B. (2000). The underachievement of gifted students: What do we know and where do we go? *Gifted Child Quarterly, 44*(3), 152–170.

Renzulli, J. (1975). Identifying key features in programs for the gifted. In W. Barbe & J. Renzulli (Eds.), *Psychology and Education of the Gifted* (pp. 214–219). New York: Irvington.

Renzulli, J. S. (1977). *The enrichment triad model: A guide for developing defensible programs for the gifted and talented.* Mansfield Center, CT: Creative Learning Press.

Renzulli, J. S. (1978). What makes giftedness? Reexamining a definition. *Phi Delta Kappan, 60*, 180–184, 261.

Renzulli, J. S. (1986). The three-ring conception of giftedness: A developmental model for creative productivity. In R. J. Sternberg & J. E. Davidson (Eds.), *Conceptions of giftedness* (pp. 53–72). New York: Cambridge University Press.

Renzulli, J. S. (1994). *Schools for talent development: A comprehensive plan for total school improvement.* Mansfield Center, CT: Creative Learning Press.

Renzulli, J. S. (2003). Conception of giftedness and its relationship to the development of social capital. In N. Colangelo & G. A. Davis (Eds.), *Handbook of gifted education* (3rd ed., pp. 75–99). Boston: Allyn and Bacon.

Renzulli, J. S., & Reis, S. M. (1997). *The school wide enrichment model: Acomprehensive plan for educational excellence.* Mansfield Center, CT: Creative Learning Press.

Renzulli, J. S., Smith, L. H., White, A. J., Callahan, C. M., Hartman, R. K., & Westberg, K. L. (1976). *Scales for rating the behavioral characteristics of superior students.* Mansfield Center, CT: Creative Learning Press.

Renzulli, J. S., Leppien, J. L., & Hays, T. S. (2000). *The Multiple Menu Model: A practical guide for developing differentiated curriculum.* Mansfield Center, CT: Creative Learning Press.

Renzulli, J. S., Smith, L. H., White, A. J., Callahan, C. M., Hartman, R. K., & Westberg, K. L. (2002). *Scales for Rating the Behavioral Characteristics of Superior Students*. Mansfield Center, CT: Creative Learning Press.

Rimm, S. (2006). When gifted students underachieve: What you can do about it. In F. A. Karnes & K. R. Stephens (Eds.), *Practical Strategies Series in Gifted Education*. Waco, TX: Prufrock.

Rimm, S. B. (1982). *PRIDE: Preschool interest descriptor.* Watertown, WI: Educational Assessment Service.

Rimm, S. B., & Davis, G. A. (1976). GIFT: An Instrument for the identification of creativity. *Journal of Creative Behavior, 10*, 178-182.

Rogers, K. B. (1991). *The relationship of grouping practices to the education of the gifted and talented learner.* (Research Monograph No. RBDM 9102). Storrs, CT: The National Research Center on the Gifted and Talented.

Rogers, K. B. (2002). *Reforming gifted education: How parents and teachers can match the program to the child.* Scottsdale, AZ: Great Potential Press.

Rogers, K. B. (2004). The academic effects of acceleration. In N. Colangelo, S. G. Assouline, & M. U. M. Gross (Eds.), *A nation deceived: How schools hold back America's brightest students* (Vol. 2, pp. 47-57). Iowa City, IA: The University of Iowa.

Sayler, M. F. (1994). Early college entrance: A viable option. In J. B. Hanson & S. M. Hoover (Eds.), *Talent development: Theories and practice* (pp. 67-79). Iowa: Kendall/Hunt.

Smith, S. W. (1990). Individualized education programs: From intent to acquiescence. *Exceptional Children, 57*(1), 6–14.

Smutny, J. F., Veenker, K., & Veenker, S. (1991). *Your gifted child: How to recognize and develop special talents in your child from birth to age seven.* New York: Ballantine.

Southern, W. T., Jones, E. D., & Stanley, J. C. (1993). Acceleration and enrichment: The context and development of program options. In K. A. Heller, F. J. Mönks, & A. H. Passow (Eds.), *International handbook of research and development of giftedness and talent* (pp. 387–405). Tarrytown, NY: Pergamon.

Stanley, J. C. (1978b). Radical acceleration: Recent educational innovation at JHU. *Gifted Child Quarterly, 22*, 6, 2–67.

Sternberg, R. J. (1986). A triarchic theory of intellectual giftedness. In R. J. Sternberg & J. E. Davidson (Eds.), *Conceptions of giftedness* (pp. 223–243). Cambridge: Cambridge University Press.

Sternberg, R. J. (1996). *Successful intelligence: How practice and creative intelligence determine success in life.* New York: Plume.

Sternberg, R. J. (1997). A triarchic view of giftedness: Theory and practice. In N. Colangelo & G. A. Davis (Eds.), *Handbook of gifted education* (2nd ed., pp .43–53). Boston: Allyn and Bacon.

Sternberg, R. J. (2003). Giftedness according to the theory of successful intelligence. In N. Colangelo & G. A. Davis (Eds.), *Handbook of gifted education* (3rd ed., pp. 88–99). Boston: Allyn and Bacon.

Supplee, P. L. (1990).*Reaching the gifted under achiever.* New York: Teachers College Press.

Tomlinson, C. A. (1994). Gifted Education in the Middle School. *Roeper Review, 16*(3), 177–182.

Tongue, C., & Sperling, C. (1976a). *Gifted and talented: An identification model.* Raleigh, NJ: State Department of Public Instruction.

Tongue, C., & Sperling, C. (1976b). *Parents nomination form.* Raleigh, NJ:

State Department of Public Instruction.

Torrance E. P. (1966). *The Torrance Tests of Creative Thinking: Norms-Technical Manual Research Edition.* Princeton, NJ: Personnel Press.

Torrance, E. P., Ball, O. E., & Safter, H. T. (1998). *Torrance tests of creative thinking streamlined scoring guide figural A and B.* Bensonville, IL: STS.

U.S. Department of Education, Office of Educational Research and Improvement (1993). *National excellence: A case for developing America's talent.* Washington, DC: Author.

Von Karolyi, C., Ramos-Ford, V., & Gardner, H. (2003). Multiple Intelligences: A perspective on giftedness. In N. Colangelo & G. A. Davis (Eds.), *Handbook of gifted education* (3rd ed., pp. 100-112). Boston: Allyn and Bacon.

Webb, J. T., Meckstroth, E. A., & Tolan, S. S. (1994). *Guiding the gifted child: Practical source for parents and teachers.* Columbus, OH: Ohio Psychology Publishing Company.

Whitmore, J. R. (1980). *Giftedness, conflict, and under achievement.* Boston: Allyn and Bacon.

|찾아보기|

인명

인명

저자 소개

▪ 이현주

현재 명지대학교 방목기초교육대학 교직과 조교수로 재직 중이다. 연세대학교 심리학과를 졸업하였고, 코네티컷 대학교에서 영재교육전공으로 석사학위를, 서울대학교 교육학과에서 교육심리전공으로 박사학위를 취득하였다. 코네티컷 대학교 부설유치원(Child development laboratory)과 미국 코네티컷 소재 사우스이스트 초등학교(Southeast elementary school) 영재학급에서 영재아동을 가르쳤다.

▪ 신종호

현재 서울대학교 사범대학 교육학과 교육심리전공 교수로 재직하고 있다. 서울대학교 교육학과에서 학사 · 석사학위를, 미네소타 대학교 교육심리학과에서 박사학위를 취득하였다. 『연구로 본 교육심리학』을 비롯해 다수의 저서와 역서 및 논문이 있다.

상담학 Best Practice 시리즈 – 상담문제 영역 5
영재아동 바로 알기

2009년 3월 30일 1판 1쇄 인쇄
2009년 4월 5일 1판 1쇄 발행

지은이 • 이현주, 신종호
펴낸이 • 김진환
펴낸곳 • (주) 학지사
121-837 서울특별시 마포구 서교동 352-29 마인드월드빌딩 5층
대표전화 • 02)330-5114 / 팩스 02)324-2345
홈페이지 • http://www.hakjisa.co.kr
등 록 • 제313-2006-000265호

ISBN 978-89-6330-076-4 93180

정가 10,000원